抖音电商创业一本通

张　扬◎编著

逻辑＋实践＋案例＋工具

中国铁道出版社有限公司
CHINA RAILWAY PUBLISHING HOUSE CO., LTD.

图书在版编目（CIP）数据

抖音电商创业一本通 ：逻辑 + 实践 + 案例 + 工具 / 张扬编著. -- 北京 ：中国铁道出版社有限公司，2025. 10.
ISBN 978-7-113-32546-6

Ⅰ. F713.365.2

中国国家版本馆 CIP 数据核字第 2025SY8226 号

书　　名：抖音电商创业一本通（逻辑 + 实践 + 案例 + 工具）
DOUYIN DIANSHANG CHUANGYE YI BEN TONG (LUOJI + SHIJIAN + ANLI + GONGJU)

作　　者：张　扬

责任编辑：郭景思　　**编辑部电话：**（010）51873007　　**电子邮箱：**guojingsi@sina.cn
封面设计：刘　莎
责任校对：苗　丹
责任印制：赵星辰

出版发行：中国铁道出版社有限公司（100054，北京市西城区右安门西街 8 号）
网　　址：https://www.tdpress.com
印　　刷：三河市宏盛印务有限公司
版　　次：2025 年 10 月第 1 版　2025 年 10 月第 1 次印刷
开　　本：710 mm × 1 000 mm 1/16　**印张：**13　**字数：**194 千
书　　号：ISBN 978-7-113-32546-6
定　　价：69.80 元

前　言

我是国内较早一批接触电子商务（以下简称电商）的人，当时是做淘宝和易趣（eBay）。我是幸运的，作为“80 后”的持续创业者，身处国家改革开放、生活品质快速提升、商业模式变革时期，享受着时代的红利。

大学毕业后，我曾在门户网站和淘宝积累了几年工作经验，在选择出国深造时，恰逢国内电商行业的高速发展期。这段出国经历虽让我错过了行业红利，却意外开启了创业探索之路。留学期间，我和朋友合伙做了个“清洁”生意。当时朋友正在兼职，原负责人因为个人原因想把生意转让出来，而我当时也想有份稳定收入，我俩一拍即合决定接手。我跟着朋友花了两周时间了解这个项目的运营模式，然后三个月就回本了。这段经历让我初次对创业产生了一点想法：一是不要靠想象做事，要看这个事是不是已经被验证过了；二是最好有一个信得过的老师带着，行万里路不如名师指路，如果没有名师指路一定要自己去了解；三是要摸清项目的全部流程，了解操作的难易程度，刚入行不要做太复杂的事；四是要算好需要投入多少钱、多久能回本、能赚多少钱，并且要有足够的确定性。在我回国的时候，我们把这个生意卖了。回国后我继续创业，虽然走了很多弯路，但还是回到了电商这个老本行。

互联网与数字化技术的发展使得电商行业成为这个时代经济发展的重要推动力之一。我们知道，国内电商的发展经历几个关键历史节点。首先是淘系电商（如淘宝）的兴起，它推动了竞价排名、直通车、钻展等商业模式的广泛应用，平台通过搜索机制优化流量分配，但同时也导致商家竞争加剧和获客成本上升。而后随着平台商家逐渐饱和，流量向大品牌和高价产品倾斜，中小商家的机会持续在减少。在这一背景下拼多多应运而生，它依托微信的社交流量，通过社交拼团和裂变式传播，降低了商家的获客成本，吸引大量低线城市消费者，为商家提供了新的增长机会。然而，随着整体电商流量红利见顶和平台竞争加剧，拼多多的初始流量优势渐弱。平台间（如淘系、京东、拼多多、抖音等）的差异化缩小，货架电商模式（包括拼多多自身）的竞价机制导致商家获客成本整体攀升。流量成本上升的原因包括互联网人口红利消失、付费流量成为主流，以及新兴平台（如抖音）加入竞争，进一步推高流量价格。商家商品价格透明化，投流费用因内卷竞争而持续增加，利润空间被压缩。利润受限直接影响了商家在产品研发和改进上的投入。为了维持市场推广力度，部分商家不得不削减原材料成本以平衡支出，甚至以次充好，这进一步损害了产品质量和消费者体验。长此以往，这不仅压缩了商家利润，还可能对制造业产生负面影响（如质量下降和产能过剩）。在这样的大背景下，无论是国家层面还是市场层面都亟须创新模式来缓解问题。

这是任何一家企业都可以使用的万能公式：

一个好的商业模式＝极低的流量成本×优质的商品×能够产生溢价的包装（如内容）

其中，每一个因数的增加，都会让最终的乘积变得好看。例如，淘宝、京东和亚马逊等平台在初期都是依靠充实商品和商家带动增长飞轮[①]；拼多多则依靠社交裂变机制实现极低的流量获取成本带动的；小红书、Instagram、抖音等平台，则是通过包装带动的，而包装的形式其实也是内容。以内容驱动商品展示，为商品提供信任背书，不但可以带动流量和商品这两个因数的提升，还可以将转化漏斗缩短。

① 增长飞轮源自亚马逊 CEO 贝佐斯提出的一个商业理论——飞轮效应。用在电商上的解释是：一个平台商家数量的增长会带动产品数量的增长，更多的产品会吸引更多的客户，更多的客户又会吸引更多的商家，以此形成正向循环。

传统货架电商的转化率公式是：

转化率 = 商品展示 × 点击率 × 加购率 × 支付转化率

影响客户加购率的核心就是建立信任，传统的货架电商（以淘系、拼多多为代表）建立信任靠的是商品的销量和好评。而内容电商则不同，这种电商模式多了一个达人推荐要素，达人的推荐既是展示，也可作为加购的入口。很多人购买网络主播推荐的商品，即使面对低销量或预售商品，也可以不假思索地购买，而这就是源于他们对主播的信任。

抖音电商平台作为内容电商中的佼佼者，通过短视频这种更加亲民的内容形式，依靠创新的算法，得到了快速的发展与广泛的应用，成为许多创业者和电商从业者的首选。

本书旨在帮助初学者和从业者更好地了解电商行业的基础知识和运营方法，掌握电商平台的操作技巧，提升店铺运营效果。内容涵盖如何选择赛道和品类、如何开设店铺、如何获取流量、如何进行数据分析、如何结合 AI（人工智能）工具提高运营效率等方面，希望能够帮助抖音电商从业者快速、有效地掌握电商运营技能，提高店铺的营收和品牌价值，推动抖音电商行业的可持续发展。

本书实用性强，既适合抖音电商初学者，也适合有一定经验的电商从业者。书中不仅分享了我在抖音电商平台的实战经验，还展示了许多优质电商店铺的运营案例，系统梳理了运营过程中常见的误区与挑战，提炼出可复制的避坑策略与解决方案。此外，本书在讲述抖音电商平台运营方法的同时，还结合了当下电商行业的热点问题为读者提供全面的解决方案。例如：AI 工具在选品分析、内容生成、数据决策等场景的落地应用，“人机协同”的效率提升方案；深度解构自媒体账号向品牌商城转型的路径模型，揭示流量转化的底层逻辑；完整呈现 KOL（关键意见领袖）营销的全链路设计，从达人筛选到效果评估建立标准化流程等。

除了以上内容外，书中还分享了我多年创业经验总结出的商业模式——第一性原理，这是创业的心法，适用于大部分行业，包括但不限于电商行业。

诚如书中所言，真正的电商竞争力源于对商业本质的坚守与对创新工具的驾驭。愿每位读者都能在此找到破局密钥，在流量红海中开辟专属航道。

由于电商行业迭代迅速，书中观点难免存在局限，恳请各位读者不吝赐教。您的实践反馈将是本书持续优化的重要养分，期待与诸位在电商进化之路上携手同行，共探新境。

张　扬

目　录

第 1 章
电商创业的第一性原理 1

1.1 缩短盈利周期，低成本试错，不做过多的计划 1

1.1.1 关注短期利益 2

1.1.2 不要被束缚 3

1.1.3 跟随市场及时调整计划 5

1.2 用套利思维做电商 6

1.2.1 套利模式 7

1.2.2 套利思维的秘诀 7

1.3 电商创业须知的两个底层逻辑公式 8

1.3.1 第一个公式——商业模式 9

1.3.2 第二个公式——销售额 14

第 2 章
选择适合自己的赛道和品类 18

2.1 电商创业的周期性和方法论 18

2.1.1 初创期 19

2.1.2 发展期 20

2.1.3 爆发期 22

2.1.4 成熟期 22

2.2 电商三要素：人、货、场 23

2.2.1 人、货、场的基本内容 24

2.2.2 人、货、场的依存关系 24

2.3 如何去判断一个市场值不值得做 25

2.3.1 市场需求分析 26

2.3.2 竞争对手分析 31

2.3.3 专注细分和垂直品类 33

2.3.4 精细化运营模式与矩阵运营模式 36

2.3.5 怎样才能找到靠谱的供应商 38

第 3 章

注册店铺 44

3.1 注册开店的基本流程和设置 44

3.1.1 注册抖音小店的基本流程 44

3.1.2 注册抖音小店的注意事项 45

3.1.3 店铺设置 46

3.1.4 设置客服机器人 46

3.2 如何撰写商品描述和设计图文素材 47

3.2.1 简洁明了 47

3.2.2 组织结构清晰 49

3.2.3 商品优势 50

3.2.4 高质量图文素材 52

3.2.5 详细参数和规格 53

3.2.6 客户评价和推荐 56

3.2.7 关键词和搜索引擎优化 58

3.2.8 故事和情感元素 60

3.2.9 购买指引和保障 62

3.2.10 不断优化和测试 63

第 4 章

如何获取流量和提高曝光度 66

4.1 商家自播 66

4.1.1 短视频算法规则 67

4.1.2 让短视频获得更多流量 69

4.1.3 打造爆款内容 80

4.1.4 直播带货 86

4.2 达人矩阵 96

4.2.1 精选联盟 96

4.2.2 整体合作流程 107

4.2.3 螺旋阶梯选品带货法 117

4.2.4 抖音商城的运营思路 118

4.2.5 DOU+ 和巨量千川 122

4.3 营销活动 129

4.4 头部大 V 132

第5章

如何从“0”到“1”组建电商团队 133

5.1 高效协同工作方法 133

5.1.1 使用在线文档制作待办事项 133

5.1.2 常用文件在线导航 135

5.1.3 持续更新SOP文档 136

5.2 团队绩效管理 136

5.2.1 制定职责和考核标准 136

5.2.2 制定薪酬分配制度 137

5.2.3 价值观考核 138

5.2.4 定期复盘总结 139

5.3 创业阶段如何招聘合适的人选 140

5.3.1 团队管理三个准则 141

5.3.2 招聘渠道及人才招聘 141

第6章

实操！从“0”到“1”开一家抖音店铺 144

6.1 商品基础调研与销售趋势分析 144

6.1.1 明确店铺规模与启动资金 145

6.1.2 明确店铺的经营类目与风格定位 145

6.1.3 市场趋势分析 147

6.1.4 最终选品确认 148

6.1.5 明确初步运营策略 149

6.2 内容和客户画像 149

6.2.1 如何判断商品内容表现 149

6.2.2 制定详细内容创作策略 151

6.2.3 客户画像实操分析方法 152

6.2.4 客户画像店铺应用实例 154

6.3 延展性调研与竞争对手分析 155

6.3.1 延展性调研 155

6.3.2 竞争对手分析 157

6.4 运营策略与财务预算 163

6.4.1 明确具体运营策略 164

6.4.2 供应商选择与谈判技巧 165

6.4.3 财务预算模板与成本控制 167

6.4.4 成本控制技巧 168

附 录 169

附录 1 粉丝关注的问题 169

1.1 抖音电商未来发展趋势 169

1.2 如何选择合伙人 171

1.3 老员工该如何转型 171

附录 2 电商人员需要掌握的专业术语 172

2.1 抖音电商须知的 100 个专业术语 172

2.2 其他相关的常用专业术语 189

附录 3 抖音电商常用工具 191

3.1 数据监测和选品工具 191

3.2 热点追踪平台 191

3.3 视频剪辑工具 192

3.4 商品上架工具 192

3.5 账单工具 193

3.6 供应商工具 194

3.7 面单工具 194

3.8 团队协作软件 194

后 记 195

第1章 电商创业的第一性原理

如何在不确定的市场环境中寻找确定性，从而实现快速盈利。本章系统地阐述了缩短盈利周期、低成本试错、不做过多计划的创业思路，并强调灵活调整策略、跟随市场发展的重要性。

1.1 缩短盈利周期，低成本试错，不做过多的计划

根据《中国中小企业人力资源管理白皮书》[①]发布的数据，中国中小企业的平均寿命为2.5年，集团企业的平均寿命为7～8年，而《全国内资企业生存时间分析报告》[②]发布的数据，从2019年初至2023年底，年全国累计退出市场的企业平均寿命为6.09年。此外，根据抽样调查数据可知，中国民营企业的平均寿命为3.7年，其中中小型企业的平均寿命为2.5年，大型企业的平均寿命为7～9年。这些数据表明，中国企业想要在市场上长期立足，应当结合自身情况，客观看待长期价

① 《中国中小企业人力资源管理白皮书》是2012年9月5日由CHINA HRKEY（职业分类）发布。

② 《全国内资企业生存时间分析报告》是2024年6月由国家市场监督管理总局信息中心发布。

值，把“活下去”作为企业经营第一目标。尤其是创业企业，从“0”到“1”只有一个目标——生存！

中小微企业要想生存就必须做到：一是关注短期利益；二是不要被束缚；三要跟随市场及时调整计划。

1.1.1 关注短期利益

创业的道路充满了挑战和不确定性，而创业的核心是寻找确定性因素，在确定性中不断发展壮大。在初创阶段，大多数创业者所面临的最大问题是如何获得足够的现金流，让企业生存下去。因此，初创阶段关注短期利益是非常必要的。

创业初期得到正向的利益反馈是帮助创业者建立信心的关键。如果您是创业者，当看到企业有利润，并且业务开始增长时，您会更加自信，会更有动力继续前进。这样的积极心态对于创业企业来说非常重要，因为它有助于推动企业继续向前，迈向更大的成功。反之，如果一直看不到正向现金流，即便您自己心里有底，团队的士气也会受到影响，会觉得这个项目，或者这个企业没有前途，甚至对您产生怀疑。而创业企业经营的核心就是要让团队、合作伙伴对您有信心，这样才会有更多的优质资源向您倾斜。要达到这个目的，就需要持续成功，而持续成功的方法就是小步快跑，关注短期唾手可得的利益。

关注短期利益也可以帮助您更好地应对市场的不确定性因素。市场瞬息万变，意外情况时有发生，如果您的企业不能在短时间内适应这些变化，就有可能会失去市场机会。通过关注短期利益，您可以更好地把握市场机会，并在竞争中保持优势。比如近年直播电商的爆发式增长，许多传统零售商尚未察觉消费习惯迁移时，就有先行者通过快速布局直播渠道获利。我认识的某家居品牌代理商，当同行还在观望平台抽成政策时，他立即组建三人直播小组，用仓库作为临时直播间，把线下促销语言转化为直播脚本。虽然单场销售额不及头部主播，但凭借低成本快周转模式，三个月内通过 68 场直播清空了库存积压，既避免了供应商断供风险，又为后续转型新零售积累了原始资金。这种灵活的短期策略，让企业没有在行业竞争中掉队，反而通过实战培养了新媒体营销团队。

关注短期利益并不代表忽视长期价值。在创业过程中，长期价值是非常重要的，它可以为您的企业持续创造价值，并在未来为企业带来更大的成功，但长期价值仅适用于确定性极强、鼓励创新探索的宏观经济环境下。如果您的企业已经度过了创业初期，或者账上有了一定的闲置资金，也可以考虑长期价值。比如，做品牌，以十年为期分阶段做投资。本书主要针对中小微企业，或者以个体形式存在的创业者，所以这方面不做过多阐述。

需要注意的是，创业者在关注短期利益的同时，更要注意沉淀自己在行业中的专业能力；要时刻牢记自己的长期目标，并制定长期发展战略。在上面讲的三人直播小组清空库存的例子中，虽然我的那位朋友在寻找短期机会，但他还是一直在做外贸这个行业，之前积累的技术、方法只是用在了不同的商品上。

总之，关注短期利益是创业者在初创阶段必须做的事情，可以帮助初创者建立信心，应对市场的不确定性因素，并在竞争中活下来。同时，也要关注长期战略和专业的沉淀，不断努力创造价值，为企业的长期发展打下坚实的基础，积累产生复利。

1.1.2　不要被束缚

创业企业最大的优势是船小好调头。创业这条路不会是一帆风顺的，各种风险和不确定性都会让创业者倍感压力，但是如果我们太拘泥于自己的想法不愿意尝试其他的选择，我们就有可能失去更多的机会。所以，在创业中灵活性至关重要。

举个例子，很多人都想要做一家互联网企业，因为这个领域看起来非常有前途。但是如果您在这个领域已经找不到机会，或者您发现自己的团队不具备这样的基因，那么在互联网领域死磕下去，最后也只会走向失败。所以，如果发现自己的想法在这个领域行不通，您就应该尝试其他的选择。

什么是灵活性呢？灵活性并不是盲目地追求机会，而是要有明确的目标和计划。也就是说，需要有一个基本规划和评判依据，但是这个规划并不是铁板一块，而是要根据市场和情况的变化及时调整。简单地讲，就是追风口。比如，您原本想在手机领域创业，但是市场变化了，您就要及时作出反应，去找更适合的机会。但是，并不是要一直跟随市场变化，而是要在市场的基础上寻找切入点，并且在这个基础上灵活调整自己的方向和策略。只有这样，您才能在不断变化的市场中获得更多的机会。

每个创业者都应该有一个认知，那就是一个成熟的市场通常都是按 7：2：1 的比例进行分配的。怎么理解这个分配比例呢？就是市场上的第一名占有 70% 的市场份额，第二名占有 20% 的市场份额，第三名及其他商家占有剩余的 10% 的市场份额。我们来看看目前市面上的互联网企业，马太效应[①]尤其明显，从外卖平台，到出行，再到电商，皆是如此。成熟行业的市场，基本上都被瓜分殆尽了，新的商家想要进来分一杯羹非常难。所以，创业一定要找到风口。新产品、新渠道就是风口。但是，新产品需要在资源和供应链方面有很强的整合能力，也需要有强大的资金支持，比如新能源汽车等，虽然是新产品，但小商家只能在这个品类里喝点汤。而新渠道就不同了，是非常适合小商家做大做强的风口。比如，在外卖平台兴起的时候，依托大平台、大渠道的生态，市面上出现了很多独角兽企业。有的是做服务的，比如代运营企业；有的是做品牌的，比如专注外卖的餐饮企业。微信也是新渠道，它孕育出了很多微商的巨头，每年的利润可能比某些上市企业还高。比如，抖音也是一个新渠道，在传统电商渠道流量成本过高的大背景下，抖音的流量成本目前可以说是比较低的，小商家很适合在这里寻找机会。在本书的后续篇章中，我会详细地介绍如何判断行业的风口和平台的红利期。

---

① 马太效应是指好的愈好、坏的愈坏、多的愈多、少的愈少的一种现象。

最后，我想说的是，创业路上不止一种成功的模式，我们需要学会灵活性地思考和付诸行动，不要被束缚在自己的想法里，也不要只追求长期价值而忽视眼前的机会。中小微企业只有保持灵活性，不断地调整战略方向和策略，才能在创业路上走得更远。

1.1.3　跟随市场及时调整计划

在创业过程中，计划的重要性不言而喻，但是过多的计划也会给初创企业带来不必要的束缚。尤其在不确定的市场环境下，计划的执行可能会受到很多因素的影响，导致原本的计划需要不断地调整。

一个初创企业想要在某个领域占据市场份额，计划在一年内推出一款革命性的产品，以此来打破现有市场的格局。然而，在产品推出之前，市场环境可能发生了变化，新的竞争对手、产品的技术突破，或者客户的需求变化都可能对计划的执行产生影响。如果创业者过于执着原本的计划不进行调整，就可能面临市场失灵的风险。相反，如果创业者能够保持灵活性，根据市场变化及时调整计划，那么就有可能抓住机遇规避风险。说一个现实情况，我们所看到的一些巨头企业，最后发展成的样子可能根本不是创始人最初设想的样子。

阿里巴巴最初并没有想过做一个电商平台，而是想做一个将中国企业带到全球的 B2B（企业与企业）平台。但在这个过程中 eBay 杀进了中国，出现了新的竞争对手，阿里巴巴逐渐意识到中国中小企业需要的不仅仅是一个 B2B 平台，他们更多的是需要服务，需要更多的渠道来促进销售。所以，阿里巴巴才做了 B2C（企业与客户）平台——淘宝，通过构建本土化电商生态与 eBay 展开竞争，并发展成了中国最大的电商平台之一，之后又做了支付宝和阿里云。每一步都不是在最初就计划好的，而是响应着时代、市场的需求应运而生的。

腾讯在成立初期的主要业务是开发即时通信软件。但是，在激烈竞争的市场中，腾讯逐渐发现，单纯地开发即时通信软件并不能保持竞争力。于是，开始探索更多的业务领域，比如社交网络和游戏开发。这些业务最终成了腾讯的主营业务，并让腾讯发展成为中国互联网巨头之一。如果我们看腾讯上市财报就会发现，腾讯大部分利润来自游戏和投资，所以有些人总打趣说，腾讯不是一个互联网公司，而是一家投资公司或者游戏公司。

华为最初的创业目标是聚焦通信设备领域，通过自主研发推动行业技术演进。在3G 时代，华为观察到通信网络与终端设备的协同潜力，于是在 2003 年 12 月 24 日成立华为终端（深圳）有限公司，初期以运营商定制机进入手机市场。但随着消费者需求升级，华为又意识到单一硬件模式的局限性，逐步向智能生态系统构建扩展，最终提出“1+8+*N*”全场景战略，形成覆盖手机、平板、穿戴设备等多品类的智能生态。

上述这些例子都表明了一个事实：创业者需要有灵活的思维和良好的应变能力。在创业过程中，创始人需要根据市场的变化，不断调整自己的计划和思路，最终才能实现自己的创业梦想。

当然，灵活性并不代表不需要做计划。创业者应该在创业前进行全面的市场调研，并制订详细的商业计划，确保有一个明确的方向和目标。但是，在实施计划的过程中要时刻保持警觉，密切关注市场的变化，及时做出调整。

在创业的道路上，不断调整和改变方向是很正常的事情。创业者需要敢于面对困难和挑战，积极探索市场机会，灵活应对市场变化。只有这样才能真正把握住创业机会，取得成功。

1.2 用套利思维做电商

套利又叫价差交易，是指在同一市场和不同市场，如果一种商品或者资产拥有两种不同的价格，我们以较低价格买入，较高的价格卖出，从而获取收益。而电商的套利思维用一句话概括就是在不占用自有资金的情况下低买高卖。

1.2.1　套利模式

套利模式在电商行业十分流行，无论是跨境电商还是国内电商，在互联网行业摸爬滚打一段时间的人都很清楚这种赚钱的模式。

在跨境电商领域，OA（网上评估）就是一种套利模式。比如，在 eBay 做活动的时候，我们在 eBay 买入一些低折扣的产品，然后把这些产品运到亚马逊的海外仓，用亚马逊上的价格卖出去，或者建一个独立站，把产品的价格提高到亚马逊上的两倍甚至更高挂上去，等到有订单的时候，再从亚马逊采购。在国内电商领域，这种套利模式叫作无货源电商。简单地说，就是自己不囤货，主要靠信息差与价差赚取利润。有人认为，这是空手套白狼行为，其实这么想有些片面。这种看法未免有失偏颇。事实上，所有商业活动的底层逻辑都是低买高卖。比如餐饮行业，以低价采购黄瓜、大蒜等食材，经过简单加工后搭配调味料售出高价，本质上与无货源电商的盈利模式并无二致。信息差的存在同样具有合理性。试问有多少消费者会耗费大量时间精力，系统统计市面上所有产品价格并建立数据库，再逐一比对产品质量后择优采购？这种理想化的消费场景在现实中几乎不存在。因此，无货源电商作为依托信息差与价差的商业模式，其本质仍是遵循商业规律的价值创造过程，绝不是没有付出、单纯靠信息差和低买高卖牟利的。

元气森林作为国内新生的本土快消品品牌，能够在进口品牌如可口可乐和百事可乐，本土老品牌如农夫山泉、康师傅、娃哈哈等共同构筑的饮料红海市场中快速突围，究其根本在于其创始人有一套商业套利思维方法论：捕捉到竞争对手在强势地位下隐藏的市场空白，然后基于成熟产品的微创新实现差异化，以此获得突破。

1.2.2　套利思维的秘诀

套利思维的秘诀是懂对标、轻运营、高效率。

（1）懂对标。这就是找到被市场验证过的对标案例，先模仿后创新，把对标案例已经成熟的、已经跑通的模式和产品，用套利思维再做一遍。

（2）轻运营。这就是一件代发，代工模式，主要做流量，把比较重的生产、加工、库存、打包、发货全部让利给服务商和合作伙伴，外包出去，让自己的产品能在比较轻运营的模式下迅速地去市场上验证。

（3）高效率。这就是在选品上，根据市场的反馈，快速迭代升级，或者推陈出新，用 A/B 测试①和投产比决定哪个产品可以投入、哪个产品应该换掉，用赛马的方式让最优的产品和供应链跑出来，做到成本低、速度快。别人的市场测试都是花钱，而这种模式下的市场测试却可以边测试、边赚钱。

用这种策略做电商，其实就是用这种方法找到更多的产品，制定运营策略，然后针对每个产品找到更多的供应商，快速进行产品和供应链的验证，找到最优解的搭配，最后快速推向市场。套利模式是作为一个行业初创玩家最好的起步策略。

1.3 电商创业须知的两个底层逻辑公式

我认识不少南方的朋友，尤其是江浙、广东地区的小伙伴，年纪甚至比我小，没有在校园里待太久就出来工作、创业，做得很好，这与当地的社会环境、营商环境有很大关系。如果一定要说做生意涉及哪些学识，我认为：一是博弈论；二是边际成本。博弈论在竞争关系、劳资关系等所有关系中都得到了广泛的运用，边际成本可以帮助企业增加利润，也是扩大规模的必要条件。下面我会分享两个自己总结出来的做生意公式，可以帮助您更好地理解国家政策和平台规则。如果您在实际工作和生活中保持这样的思维，也有利于拆解竞争对手，让您更容易找到合作方的需求。

① A/B 测试是指确定两个版本（A 和 B）哪个更好，需要同时实验两个版本，最后，选择最好的版本使用。

1.3.1 第一个公式——商业模式

可以说，所有的商业项目都离不开下面这个商业模式公式，即：

商业模式 = 流量 × 产品 × 包装

流量是获取客户或者客户渠道的基础，获客成本是直接导致后面两个因素是否可持续的关键；产品是您在卖什么，无论是有形的实体产品还是无形的虚拟产品；包装可以理解为可以产生溢价的部分。下面我详细解释构成完整商业模式的这三个要素。

1. 流量

无论是线上还是线下，流量都是销售的关键要素。当然，传统商业里更喜欢把它叫作渠道。比如商超、便利店就是很多快消品的渠道。商超现在也是很多餐饮店的渠道，入驻这些渠道要花费的钱，比如店铺租金、渠道押款等，都是获取流量的成本，这个成本的高低也取决于这些渠道究竟能带来多少流量。在线下开店就要测算获客成本大概是多少，在每个客户身上获得的利润综合下来能不能覆盖成本。线上的逻辑也是一样的，只不过是渠道发生了变化。最开始淘宝是在公交车上打广告，吸引客户到平台开店或者消费，后来通过搜索引擎优化，在百度买关键词，再后来创始人亲自下场，比如参加电视栏目、上报纸 / 杂志、与明星合影等，这些都是为自己企业获取流量的方式，而创始人 IP① 则是获取流量最具性价比最便宜的方式，因为只要懂得制造话题、跟上热点，就会有媒体跟进帮您传播。而创始人的话题，要么跟创业有关，吸引商家入驻开店；要么跟客户有关，增强客户的黏性，这些都是非常好的获取流量的渠道。

这里需要强调一点，有时候向渠道采购的流量，也可以做流量的裂变。比如，有些 App（第三方应用程序）是在苹果商店打榜，当客户下载后，又通过苹果手

① 创始人 IP 是指企业老板或者创始人的个人形象在公众面前的表现，它能够让客户快速了解企业的整体形象。

机里的分享机制分享到朋友圈、微博等，通过裂变拉新。最具代表性的就是拼多多的砍一刀裂变策略，由于拼多多最早期的客户消费能力并不强，并且以下沉市场为主，分享到微信可以帮助自己获得大面值的红包奖励，而帮助这位客户砍一刀的人也会在看到砍价后可以得到巨额红包后，继续传播活动，吸引同类客户成为拼多多客户。拼多多早期使用这个裂变获得了非常多的精准客户。以抖音为代表的内容平台则是通过对优质内容的管理，让客户自主自愿地分享，目前内容平台的流量成本甚至比一级流量市场的价格还要低。

2. 产品

产品有可能是有形的，也可能是无形的。比如开一家饭店，卖凉拌黄瓜，凉拌黄瓜就是饭店的产品；有些商家卖的是服务，比如物业管理企业；还有有形产品跟无形产品结合的产品，比如有的净水器商家，在卖净水器的同时，也提供净水器长期换滤芯服务。

电商平台是卖什么的呢？卖流量。淘宝初期通过一级市场或者创始人 IP 获得流量，吸引商家入驻，丰富了平台上的产品种类，从而吸引了客户前来购买。当商家和客户越来越多的时候，平台就会向商家收取采买流量的费用（直通车、钻展等）。京东、拼多多、抖音都是同样的逻辑。

3. 包装

包装也就是溢价空间。价格是由什么决定的？不是成本，而是由供需关系和合理的包装来决定。同样一瓶水，在便利店卖 1 元，在沙漠里可以卖 1 000 元，这跟供需关系有关。什么是合理的包装呢？简单地说，合理的包装就是营销，分两个点：一是钩子；二是卖点。

（1）钩子。钩子可以从两个方面来讲：一是人性的角度，比如外卖服务精准捕捉了现代人对时间效率和生活便利的追求，它不仅是一种服务创新，合理运用不但可以提高社会运作的效率，还可以为企业带来利润。一些需求只要控制在合理的阈值之内，是可以增加产品的传播力度的，而传播力度又直接影响关注度，客户的关注度则会影响供需关系，于是产品就有了溢价的空间。二是马斯洛需求层次理论，如图 1-1 所示。比如服装，我们穿衣服是为了最基本的生理和安全需求，但当衣服被贴上一些特殊的标签，比如明星代言、知名设计师款等，有了这些标签的加持，它或许又满足了社会需求和尊重需求。

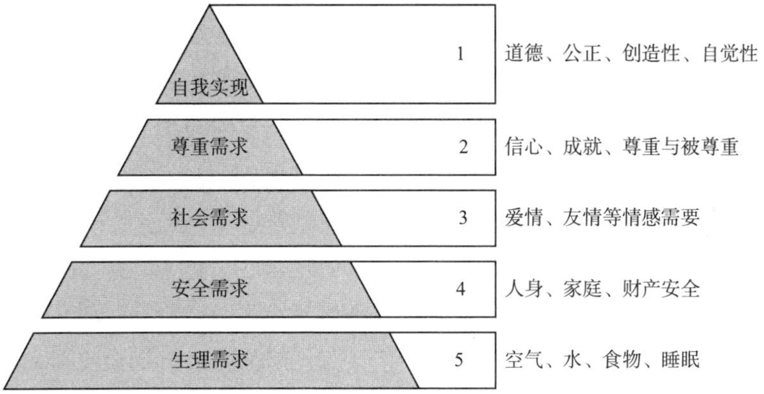

图 1-1　马斯洛需求层次理论

（2）卖点。卖点指的是您与同行的差异。钩子与卖点的不同之处在哪里呢？钩子影响供求关系，而卖点会带来成交。比如之前说的开了一家饭店卖凉拌黄瓜，一根黄瓜采购可能几毛钱，经过厨师的加工，拍打、放调料等，就能卖十几二十元，再加上门店开在繁华商业街、网红打卡地，装修好一些，打造一个漂亮的就餐环境，摆盘也好看一点，顾客是不是吃之前还会拍照发朋友圈。我们来总结一下这一连串的动作：产品是价值几毛钱的黄瓜；流量来自繁华商业街，并且这里的人群消费能力也不差，人群很精准；门店的装修、黄瓜的摆盘这些都是包装，最后客户拍照发朋友圈，又形成了裂变和流量的自循环。

这里需要强调一点，包装的成本只有在边际成本极低的情况下才有助于规模扩大。也就是说，当业务扩大的时候，产生溢价的部分成本不能过高。显然开饭店不符合这个特点，因为开另一家饭店的时候，厨师、选址和租金都是不可控的，会导致成本升高。

回归到电商领域，所有的电商平台都是在倒卖流量，流量即产品。我们来拆解一下各大电商平台是怎么运用这个公式的，而它们的需求又是什么，这可以让我们更有章法地选择创业平台，抓住时代的红利。

淘宝在 PC 互联网[①] 阶段通过搜索引擎、创始人 IP，以及在移动互联网阶段的战略投资，比如收购墨迹天气、豌豆荚、91 手机助手这样的流量型产品去获取流量，然后通过商家、商品、客户驱动增长飞轮，形成良性的循环，流量也就有了更多的溢价空间，这点跟线下的商场是一样的经营逻辑。与商场不同的是，线上不受地产开发限制，理论上可以有无数的商家入驻、无数的产品陈列、24 小时全天候销售、接待无数的客户，而这不设上限的要素填充，仅仅需要多买几个服务器即可实现。但是，这种商业模式有一个很大的缺陷，就是电商平台包装非常依赖三个要素——商家、产品、消费者的填充，如图 1-2 所示。当商家过多，平台又没有办法从外部获得便宜流量的时候，就会导致平台向商家出售的流量价格飙升，拉高商家的推广成本，让商家逐渐离开这个平台。而且，任何平台都不可能无限增长，客户和商家的增长都会有饱和的一天。

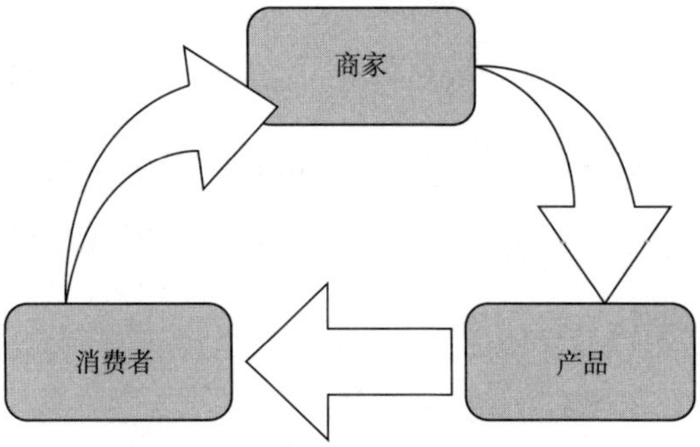

图 1-2　电商平台的三个要素

① PC 互联网是指个人计算机通过各种网络设备和连接方式，接入互联网并进行信息交流和服务使用的过程。

所以，阿里巴巴又先后推出了支付宝、天猫商城、蚂蚁金服、阿里云、菜鸟物流等第二、第三增长曲线，去填充新的产品线，用新的产品线来包装流量，打包出售给商家。比如天猫店的权益就比淘宝店多一点，前者的流量获取成本理所应当就该比后者高。

京东的运营策略与淘宝有相似之处，但其自建的物流服务体系更具优势。作为吸引客户的钩子，这套物流体系既成为吸引消费者的服务亮点，也作为增值服务成为向合作商家出售流量的卖点。京东前期同样是通过在搜索引擎里购买流量来推广平台的，到了移动互联网时代，通过与腾讯的战略合作获得了重要的流量入口支持。

拼多多也是同样的道理，它利用微信的庞大用户群，把商家的产品价格压到最低，用“便宜”这个钩子吸引消费者。在这个过程中，通过拼团裂变模式实现用户指数级增长。

微信作为移动互联网的重要流量入口，覆盖了绝大多数互联网用户群体。电商平台先从微信这里获得流量，然后通过物流构建和商品策略吸引客户，最后再将这些流量卖给商家。因为流量成本相对较低，服务体系的搭建也不完全依赖商家，即便在淘宝占据先发优势、市场份额超过 70% 的行业格局下，仍能通过模式创新开辟新的市场空间。

以抖音为代表的内容电商，以内容作为包装要素吸引客户，当客户的时间大部分留在这个平台，这个平台的流量就有了更多的溢价空间。所以，优质的内容在抖音一直是受到平台鼓励的，会得到平台流量的倾斜。

抖音与淘宝成熟的电商体系、京东快捷的物流服务，以及拼多多压缩商家利润主打低价不同，它的内容的边际成本极低，易于商家获得更多的产品销量。我相信未来会有更多的商家，尤其是货架电商（淘宝、京东、拼多多）的商家迁移到抖音，在这里可以获得更便宜的流量，以及更高的利润。

1.3.2 第二个公式——销售额

作为电商平台，怎样才能让流量卖得更有效率，拿到更高的溢价呢？除了商家付费购买流量，如果想要得到平台的流量倾斜，就要牢记这个公式：

销售额＝流量 × 客单价 × 转化率 × 复购率

我们来看一下平台的需求是什么，然后拆解一下各大电商平台是怎么运用这个公式的，这可以让我们更容易理解平台的规则和算法机制，获得平台的支持，产品得到更多的展示。

销售额也就是GMV（商品交易总额），是每个电商平台都在追求的东西，销售额意味着自己的市场份额。作为商家，能为平台贡献多少GMV尤为重要。第一个因素流量自不必说，是从平台获取，而平台给商家多少自然流量，完全取决于后面的几个要素：客单价、转化率、复购率。这三个要素决定着商家的流量使用效率，用得越好，平台越愿意给我们流量。

我曾经有一个项目是做外卖代运营，看到市面上很多外卖培训讲师都在教商家如何给产品拍照、出餐等非常细节的东西，这些细节固然重要，但都不是最关键、最核心的。我认为最关键、最核心的是我们能不能告诉平台把流量给到我们，我们可以在合理合法的前提下让它赚到更多钱。当时，我就是应用销售额公式，让平台把免费的流量投给了我。我用七天时间，将店铺的客单价、转化率、复购率这三个要素逐日优化提高，在第八天平台就给了店铺更多的流量倾斜。这个底层逻辑企业在大部分的电商平台都适用。

客单价是指每个顾客在店铺平均购买商品的金额，但这个要素受品类影响比较明显，一个沙发和一个牙刷，客单价肯定是不同的，所以不用太纠结。只要同品类的产品中，不要过于压低售价，然后再用一些搭配销售的方式，客单价就可以拉高了。

转化率和复购率是这个公式的核心，转化率是指流量的使用效率，复购率是指商家能不能产生自循环，后续销售不会过于依赖平台流量。提高转化率要从三个维度着手：一是做钩子激发兴趣；二是强化卖点展示；三是立信任状促进下单。

钩子和卖点在上一个公式中已经讲过，这里就不再赘述。信任状是指能够促进客户立即购买的要素，目的是让客户买得放心，降低客户的顾虑和试错成本。在电商领域，信任状包括：产品评价（好评和差评都很重要）、销量、承诺（兑现情况）和背书。

（1）产品评价。这是指购买过这个产品的人是如何反馈的。好评很重要，但差评有时候更重要，为什么呢？因为很多客户看一个产品只看差评不看好评，他想知道最差是什么结果，所以差评有时候比好评更重要，可以让潜在客户知道商家在遇到客户不满意的时候是怎样做反馈的，从而打消客户的顾虑。所以一定要回复差评，这也是店铺自我宣传的一个好机会。

（2）销量。销量是一个企业最基本的风向标。无论产品质量有多好，营销策略有多厉害，如果没有销量的支撑，一切都是空谈。销量不仅能够帮助企业获得更多的利润，更重要的是，它能够帮助企业建立品牌形象和客户信任度。如果一个产品的销量持续攀升，客户就会认为这个产品一定很好，因为这么多人都在买，不可能都买错了。因此，销量在电商领域至关重要。此外，从众心理也是影响客户决策的一个重要因素。人们在做决策的时候，会倾向跟随大多数人的选择，因为这样做既能减少风险，也能减轻压力。这也是在购买产品的时候，我们经常会选择热销产品的原因。因为我们相信这些产品已经得到了很多人的认可和信任，所以选择它们更加放心。这种从众心理在电商领域里尤其明显，因为我们无法在实体店里看到其他人买什么，而在电商平台上，销量是一个非常直观的指标。

举个例子，拼多多之所以能够在短时间内成为电商行业的巨头之一，就是因为它的营销策略非常精准。拼多多大量使用限时折扣和拼团活动，鼓励客户通过分享和邀请好友获得更多的优惠。这种营销方式不仅能够吸引更多的客户，还能够增加销量和客户黏性。同时，拼多多也非常注重销量的展示，很多商品页面上都会标注销量，这样能够让客户更加信任这些产品。虽然有些产品的质量可能并不是很好，但由于销量很高，客户就会认为这些产品是可信的，也就更愿意购买。

大家都知道，一般电商平台上的商品评价都分为好评、中评和差评三个等级。如果一个产品的销量很高，但是好评率或者评价比较少，客户往往会被销量吸引，从而选择购买这个产品，而不是选择那个评价比较多但销量较低的产品。相比之下，销量较低的产品很难引起客户的注意。即便是这个产品的质量很好，客户也很难发现它的存在。这也是电商平台上一些新品牌或小众品牌很难立足的原因。

所以，销量也是平台考核商家的一个很重要的维度，也可以看出我们有没有有效地使用平台的流量。

（3）承诺（兑现情况）。这是指商家给到客户的一些权益，比如包邮、运费险、假一赔十、七天无理由退换货等，可以帮助客户打消顾虑。

（4）背书。这是一种信任转嫁，自带信任的事物。比如产品的检测报告、资质证书、专家参与和名人代言等。

首先，我们来看检测报告，对于某些需要检测的产品，比如食品、药品等，如果能够得到第三方的权威检测报告，那么就能够让客户更加信任这些产品。比如某一品牌的婴儿奶粉得到了权威机构的检测报告，证明其符合标准，那么客户就会更加信任这个品牌，更愿意购买这个品牌的产品。

其次，名人代言的好处在于，他们通常拥有较高的人气和影响力，能够让客户对产品产生好感和信任，从而提高销量。比如某品牌的运动鞋请到了知名运动员代言，那么客户就会认为这个品牌的运动鞋是值得信任的，并且更加愿意购买这个品牌的运动鞋。但大家知道，请明星或者名人的成本很高，现在网红经济盛行，很多平台的带货主播，在自己粉丝群体里是很有号召力的，所以很多品牌即便是亏钱，也愿意让他们在直播间或者短视频里推荐一下自己的产品，然后拿来当素材，做信任背书。

最后，专家参与也是电商领域中常用的信任背书方式之一。专家的认可和推荐能够增强客户的信任感，从而提高销量。比如某品牌请了专业的美容专家对其护肤品进行推荐，那么客户就会认为这个品牌的护肤品是值得信任的，更愿意购买这个品牌的护肤品。

上面列举了几种常用的背书方式，除此之外，还有很多自带信任属性的方式，比如某名人的徒弟等，大家可以发散思维，举一反三。

以上是本书中“道”的部分，这部分内容的意义并不是告诉您怎么做，里面涉及一些细节的做法，我会在后面的章节中以实操或者案例的方式进一步阐述。“道”的部分是希望通过几个核心的定律，可以使您训练出一种思维，在日常生活中遇到某种现象、某种场景，您可以迅速将它填充到以上公式中，丰富自己的知识库，并运用到自己的项目里。比如您去西餐厅吃牛排的时候，看到菜单上面写着“澳洲谷饲原切牛排”“当日限定”等，拆解关键词就会联想到包装、钩子和信任状等要素，并运用到上面的公式里。拆解商业案例其实是一件很有趣的事，当您训练出这种思维，看的案例多了，会发现现实中的所有商业组织似乎都是近乎透明的。当您有了这种认知，无论做什么行业、什么产品，都会提高成功概率。

第2章　选择适合自己的赛道和品类

如何选择适合自己的电商赛道和品类，本章将系统地阐述电商三要素——人、货、场的基本内容和依存关系，并强调市场需求和竞争分析的重要性，帮助创业者理解市场环境并做出正确决策。

2.1　电商创业的周期性和方法论

电商创业项目大多数都要经历初创期、发展期、爆发期和成熟期四个阶段，而每一个阶段都对应着不同的发展目标和运营节奏。我的一位投资人朋友，前奇虎 360 投资部创办人王翌根据对其所熟知的互联网创业企业的多年跟踪和观察，总结出 18 个月创业方法论，即以 18 个月为一个周期，将创业企业的每一个发展节点需要完成的目标，以及如何应对市场竞争等进行了系统地归纳。

我在王翌创业方法论的基础上，也对电商创业做了一个系统的归纳，见表 2-1。

表 2-1　电商创业各阶段的方法

所处阶段	初创期	发展期	爆发期	成熟期
学习方法	模仿	系统学习	深度思考	战略思考
选品策略	低客单、易成交	挑战高客单	建立完整的产品体系	建立供应链
推广策略	0 付费推广	关注投产比	完整的投放策略	多维度投放
团队规模	1 ~ 7 人	8 ~ 49 人	50 人以上	50 人以上
竞品关系	无	竞合	竞争	零和
过关核心	自身的努力	团队	资源	资源、运气

2.1.1　初创期

项目初创期需要学会模仿和学习已经被验证的同行。学习和借鉴他人的经验是非常重要的，特别是那些已经成功的同行，我们可以研究他们是如何运营和发展的，从中吸取经验和教训，避免重蹈覆辙。甚至可以参考别人的模式，然后再结合自身的优势和独特之处加以完善，这样可以少走很多弯路。

1. 选品

在选品方面可以选用低客单价、容易成交的产品。因为在初创期，我们需要迅速积累客户和销量，得到正向反馈，低客单价的产品更容易吸引客户购买，能够快速帮助我们建立信心，并获得正向现金流。当然，也不要只盯着低客单价，我们要确保产品的质量和客户体验，只有这样才能赢得客户持续的信任和口碑传播。

2. 项目推广

在初创期资源和资金有限的情况下，应尽量选择不花钱的推广方式。比如通过社交媒体、口碑传播、达人带货等方式进行免费推广，既可以有效降低成本，又可以扩大品牌的曝光和影响力。同时，我们要学习同行的推广路径，了解其他人是如何做客户增长的，从中汲取经验和灵感，然后找到适合自己的推广方式，提升项目的曝光度和吸引力。

3. 团队建设

团队规模也是初创期需要关注的一个重要问题。因为资金有限，我们最好把团队规模控制在 7 人以下，能够自己完成的工作就尽量不要招人。初创期的项目需要高效执行和快速决策，团队规模太大反而容易提高沟通成本，增加管理难度，从而影响项目的进度。

4. 财务支出

初创期的项目还要尽量避免不必要的费用支出，我们要审慎对待办公空间、设备采购及其他费用支出，避免浪费。最好有一个严谨的财务规划，确保资金的有效利用，保持资金的健康和稳定。

5. 竞争对手

虽然企业处于初创期，但依然不能忽视竞争对手，我们需要时刻关注竞争对手的动向，了解他们的优劣势，这将有助于我们及时地调整自己的策略和方向，保持竞争力。但切记不要盲目追逐竞争对手，我们要有自己的独特之处，找到自己的定位和差异化优势。

总之，要突破初创期，自身的努力是最重要的。创业的道路没有捷径可走，我们需要全身心地投入和努力。我们要不断学习和成长，提升自己的能力和素质。要保持敏锐的市场洞察力，及时调整策略和方向，适应市场的变化。同时，我们还要有坚定的信念和毅力，面对挑战和困难时不轻易放弃，坚持追求自己的梦想和目标。

2.1.2　发展期

项目的发展期是一个关键阶段，创始人应该系统学习运营方法论。要了解业界最佳实践和成功案例，学习那些已经被验证的运营策略和模式。这种学习不仅包括理论知识的积累，更重要的是将学到的知识应用于实际操作中去，不断试错和优化，找到适合自己项目的运营方法。同时，创始人还需要对业务进行深度的思考。不要停留在表面的经营活动，要思考项目的长远发展和战略规划。要了解自己所处的市场环境、行业趋势和客户需求的变化，只有这样才能发现更多的机会，制定出更有针对性的策略，实现项目的持续发展。

1. 选品

在这个阶段，我们可以挑战一下高客单价的产品。高客单价产品虽然销售数量可能相对较少，但每个订单的价值更高。通过拓展并筛选出优质的客户，我们能够更好地提升销售额和利润。要做高客单价的产品，就需要精准定位目标客户群体，了解他们的需求和偏好，然后给他们提供针对性的产品和服务，打造独特的价值。同时，我们也要关注推广渠道的多样性，通过多渠道测试，找到投产最高的渠道，提高推广效果和回报率。

2. 团队建设

在团队建设方面，项目发展期可以逐渐扩大团队规模。但是，团队规模的增长要谨慎且有序。要注重招聘和选拔符合项目需要的优秀人才，同时创始人需要提升自己的管理水平和团队协作能力。要建立明确的责任分工和沟通机制，确保团队的高效运转。在管理上，要找到适合团队的管理模式，激发团队成员的潜力和创造力。

3. 竞争对手

这个阶段与竞争对手，既有竞争关系，也有竞合关系，要注意合作共赢。这种竞合关系能够帮助我们积累更多的行业资源，让我们跟行业内的知名企业或专家建立关系。我们可以与自己规模相当的同行进行交流、互通有无，共同面对行业的挑战，发现行业新的机遇。比如，与同行一起举办促销活动或推出联合产品，共同做大活动或提高产品的影响力；邀请行业内的知名专家或名人给我们的品牌代言，借助他们的影响力为我们的品牌背书等。

总之，在这个阶段，我们要系统学习运营方法论，对业务发展有长远规划，并挑战高客单价产品。同时，要注重团队建设和管理提升，与同行建立竞合关系。

2.1.3 爆发期

在项目发展的中后期，创始人就要开始打通渠道，扩大规模了。这个时候，已经可以通过上一阶段的不断试错和优化，找出最佳投产比的推广渠道，这也是即将进入爆发期的象征。

在这个关键时期，整个公司和团队都应该全力以赴，集中所有资源，将这个渠道打穿、打透！无论是在运营层面还是管理体系，都要围绕这个渠道集中火力展开攻势。但是也要清楚地认识到，这个阶段的竞争是相当激烈的。同段位的同行，一定也在争夺这个高投产比的渠道。所以，一定要做到足够的专注和聚焦，在渠道上占据优势，形成自己在这个渠道上的护城河。

在这个阶段，也需要注重管理和团队建设。随着企业规模的扩大，我们要不断提升自身的管理水平，构建高效的管理体系。当然，我们还要关注费用支出，确保每一分钱都能产生最大的价值。毕竟，资源的合理利用和费用的控制对于发展至关重要。

总之，项目爆发期是一个关键阶段，这个阶段度过了，就说明企业相对已经度过了生死阶段，之后只要不犯重大的战略错误，企业大概率就会进入一个比较健康的发展阶段。

2.1.4 成熟期

当一个项目经历了爆发期的辉煌时刻后，随着市场的逐渐饱和，竞争的不断加剧，项目增长势头都会逐渐趋于平缓。这个时候，渠道优势不再那么重要，利润率也开始逐渐开始下滑。这是大多数项目发展到成熟期的共同特征。因为无论在哪个行业都有这样一个规律：企业规模越大，利润率就越低。即便是上市企业，看看它们的财报，也能发现这个现象。企业规模一旦变得庞大，管理成本就会飙升，利润率自然就会下滑，但凭借较高的市场占有率和更大规模的生产，即便是低利润率，利润总额还是很可观的。这时候，创业者们就需要积极寻找企业业务增长的第二曲线发展期了，如图 2-1 所示。

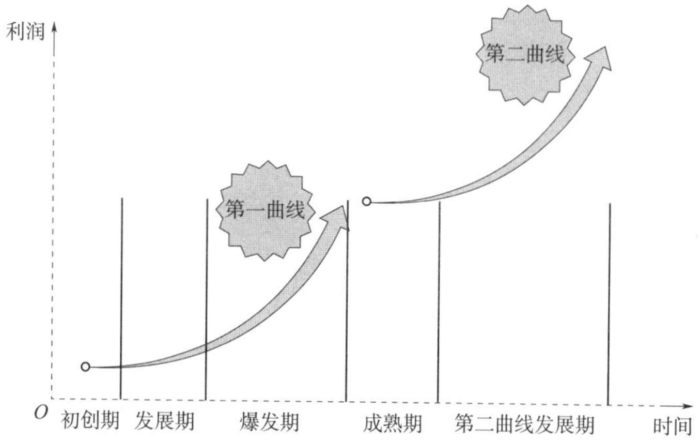

图 2-1　业务增长的第二曲线

比如腾讯在 QQ 发展到成熟期时，敏锐地抓住了移动互联网的机遇，推出了微信，成功地拿到了移动互联网的门票。阿里巴巴在淘宝接近成熟期时，果断地推出了商城，即现在的天猫，实现了第二曲线发展期。所以，企业要实现持续的增长，就得不断寻找新的机会和增长点。但本书的重点不是讲述项目成熟期的运营方法，而是把重点放在项目的初创期、发展期和爆发期，目的是帮助更多的人度过那个艰难的“死亡谷”，实现从“0”到“1”、从“1”到“10”的突破。

2.2　电商三要素：人、货、场

电商最重要、最核心的要素是人、货、场，而电商运营要做的是将三者有机地结合起来，创造一个能够吸引客户进来消费的场景。

2.2.1 人、货、场的基本内容

第一个要素是人。这里的人是指客户，也就是在电商平台上进行购物的客户。电商平台通过各种手段吸引客户的注意力，引导客户购物。例如，系统根据客户的兴趣和购买历史向其推送相关的商品，通过这种个性化的推荐和呈现提高客户的购买意愿等。

第二个要素是货。这里的货是指商品，也就是在电商平台上的各类产品。电商平台通过与品牌商家合作或者自己运营的方式，给客户提供丰富的商品选择。优质的商品不仅能满足客户的需求，还能增加购物的乐趣，提升购物体验。

第三个要素是场。这里的场是指购物的场景，也就是在电商平台上为客户提供的购物环境。这个场景包括网页界面设计、客户界面交互、商品展示方式等。优秀的场景设计能够让客户的购物感受到舒适、便捷，并促使客户更加愿意在这个平台上进行购物。

2.2.2 人、货、场的依存关系

人、货、场的核心思想是将客户、商品和场景有机地结合起来，通过提供优质的商品和良好的购物体验，吸引客户的关注和参与，促成交易的发生。人、货、场的良好结合能够提高客户的购物满意度和忠诚度。当客户有了在一个舒适、便捷、有趣的购物环境中购物后，就有可能再次选择该平台进行购物，并更愿意将这个平台和商家推荐给其他人，以此形成一个良性的循环：更多的商家入驻平台，为客户提供更多的商品选择，客户愿意在平台持续消费。

人、货、场的成功离不开各方的共同努力。比如电商平台需要不断优化客户界面和购物体验，提高网站的稳定性和运营效率，确保客户能够在良好的环境中购物；品牌商家需要提供优质的商品和服务，与平台合作共赢，共同打造吸引人的

购物场景；客户需要保持理性消费的心态，根据自身需求和偏好做出明智的购买决策。

总之，人、货、场是电商行业从业者需要了解的基础概念。人、货、场的有机结合，才能使平台、商家和客户的利益最大化。

2.3 如何去判断一个市场值不值得做

进入一个市场，需要考虑的因素有很多，大致可以分为两个方面：市场需求和市场竞争情况。分析市场需求是为了清楚地知道这个市场有多大，也就是有多大的蛋糕可以分，只要市场足够大，竞争对手再多，也有可以做的空间；而市场竞争情况分析就是要知道这个市场的竞争情况如何，竞争对手的水平如何，他们又是如何做的。如果一个市场，竞争对手的基础能力都不如自己的话，我们进入这个市场通常就可以分到最大的一块蛋糕。

创业这件事情，并不适合所有人去做。目前我所接触的创业人群大致可分为两类：一是全职创业者；二是有本职工作，想通过副业多赚点钱的打工族。针对不同的人群，赚钱的模式也不同，主要分为以下两种模式：

（1）赚快钱模式。这种模式的核心就是快：快速回报、风险小、易决策、易操作。但这种模式赚的大都是小钱，既不会有沉淀，也不会有较大或者较长久的结果。因为投入的时间、精力、资金相对较少，所以这种模式很适合赚零花钱的打工族。比如一件代发、无货源模式等。

简单解释一下什么是无货源模式，无货源模式就是商家自己不囤货，不做任何库存，仅仅靠一张主图详情页售卖产品，有订单的时候，全网搜寻低价同款，并且以自己店铺的买家身份去下单。这种模式下，商家没有固定的产品，没有固定的供货商，所以一直是被各个平台打压禁止的。但是，这个模式又是各个平台里不少商家正在做的事情。毕竟能够有实力专注一条产品线，甚至囤货的商家在整个商业圈里也是不多的，而平台也需要有足够多的商品去填充货架。而一件代发的不同之处在于，商家是有固定的产品和采购渠道的。当有订单的时候，商家可以与供货商达成一致，让供货商帮助发货和处理售后。这种模式下，商家免去了囤货的压力，供货商又多了一个分销渠道，是比较好的一种双赢的模式。

（2）赚慢钱模式。这种模式需要长期积累才能爆发，比如做品牌、搜索引擎优化（SEO）、内容营销，最大的特征是要花时间慢慢沉淀，这样最终的爆发力才会比较强。对于全职的创业者来说，时间和精力相对来说会比较宽裕，但资金都是有限的，所以即便是走长期路线，也应该掌握一定的方法，赚钱快可以补充“弹药”。如果时间精力有限，也不要忘记根据实际情况做出取舍。切记创业的首要目标不是赚大钱，而是先活下来。

2.3.1 市场需求分析

如果想获取某个行业的数据，我们可以定期查看政府部门发布的数据，比如国家统计局、中华人民共和国商务部等部门发布的行业数据，或者付费获取某些咨询企业发布的行业报告。在电商领域，或者细分到抖音电商这个赛道，除了上述渠道和关注抖音平台发布的数据以外，还可以通过一些抖音平台提供的工具去查看各个品类或者商品的流量趋势、销售趋势、供需关系情况等。比如，我们使用抖音的巨量算数来做调研，调研的方向集中在三个维度：产品相关关键词的搜索量、产品需求月和年的变化趋势，以及产品的市场讨论热度。

1. 产品相关关键词的搜索量

通常电商选品，首先看的是搜索量，目的是找到所谓的增量市场。一个持续增长的市场意味着所有从业者都有足够的行业红利可以拿到，避免了内卷。比如某个产品的关键词搜索呈现出如图 2-2 所示的趋势，那么这个产品就处于一个增量需求市场，这种产品都不用细想，进去做就是享受红利期。

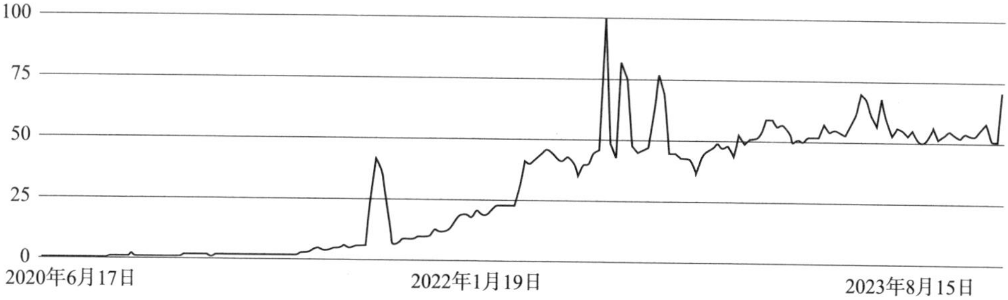

图 2-2 一个处于增量需求市场的产品的关键词搜索趋势

另一种是比较平稳的，如图 2-3 所示的某个产品的关键词搜索趋势。这种市场也可以做，但红利已经结束，同行都处于互相内卷的阶段，但这种品类也有机会，只要搜索趋势平稳，市场还在，就不需要太过担心。

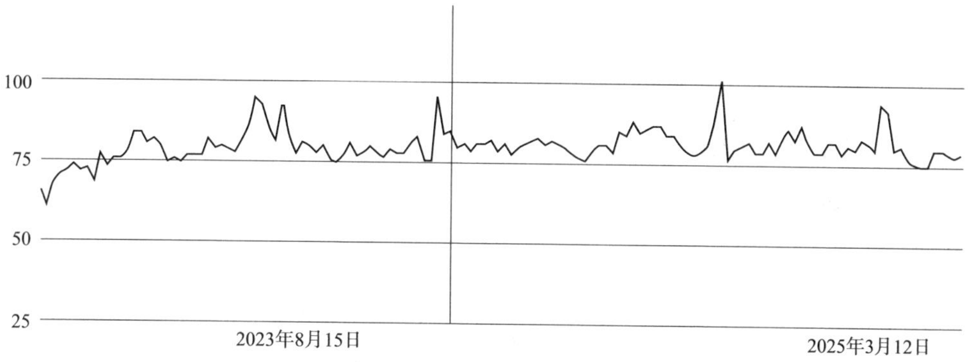

图 2-3 一个处于平稳需求市场的产品的关键词搜索趋势

这里以晾衣架的搜索情况为例，通过巨量算数给大家演示一下。晾衣架这个产品的搜索情况。从图 2-4 中可以看出，2024 年 12 月 20 日至 2025 年 6 月 17 日期间，晾衣架的搜索量是缓慢增长的，虽然整体增量不是很大，但可以确定这个产品的需求量是在增加的。当然，需求增加还有一个原因是抖音电商整体的体量在增长，所以平台上的各种需求也会跟随平台的增长而增长。

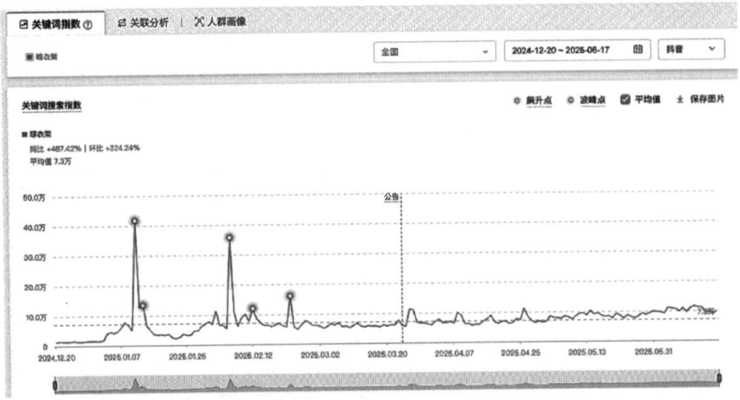

图 2-4　晾衣架的搜索趋势

2. 产品需求月和年的变化趋势

了解产品的趋势变动，可以帮助我们提前规划好产品的销售时间和周期，比如产品什么时候上架推广、什么时候打折清理库存等。产品一般分为两类：一类是季节性产品；另一类是非季节性产品。两者的区别是产品本身在一年四季的需求量会不会因为季节的变化而变化。这里，我们来看一个季节性产品风扇的搜索趋势变化。

如图 2-5 所示，在 2024 年 12 月至 2025 年 6 月期间，其中 2024 年 12 月至 2025 年 3 月搜索量非常低，从 2025 年 4 月开始，搜索量逐月大幅增加，由此可以看出风扇这个产品临近夏天时才会有大量需求。

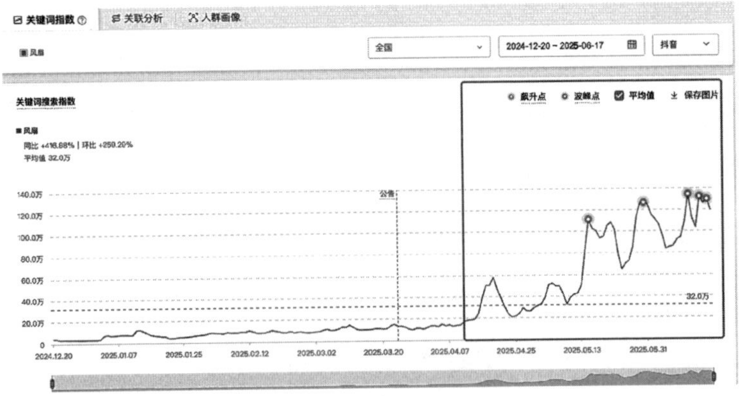

图 2-5　风扇的搜索趋势

有人会说，这还用查数据吗，谁都知道风扇在夏天需求量大！但这里我要说的是，无论什么产品，我们都要查数据。做任何事情最忌讳的就是凭想象、凭经验去做判断，我们一定要通过数据分析了解客户真实的需求，而不是没有任何依据地凭想象判断，有时候客户的真实需求是与想象背道而驰的。比如风扇这个产品，我们以为是夏天才有需求，应该在每年的六七月份开始销售，但通过搜索指数可以发现，在 4 月初的时候需求量就已经开始提高了。有经验的商家可能在 3 月就开始布局销售这个产品了，等到搜索量达到巅峰的七八月份，这些商家已经进入清理库存的阶段了。

3. 产品的市场讨论热度

在选品时，我们也要看这个产品在抖音平台上的讨论热度，是否有足够多的人在讨论这个产品，是否有足够多的相关内容在传播。在这里，我们先了解一下什么是内容分、传播分和搜索分。

（1）内容分。由关键词及相关内容的文章、视频数量加权求和得到，主要用于衡量该关键词在抖音的基础声量，即抖音平台上跟这个关键词相关的内容有多少，这些内容可能是商家的宣传视频，也可能是客户的讨论视频。

（2）传播分。由关键词及相关内容的文章阅读量、视频播放量得到，衡量该关键词在抖音的传播声量。简单地说，就是这类内容在平台受不受欢迎，有多少人对这个内容感兴趣。

（3）搜索分。由关键词及相关内容的搜索量等数据加权得出，衡量该关键词在抖音的搜索情况。

市场讨论热度是一个综合指标，需要综合考虑内容分、传播分和搜索分。由于抖音是兴趣电商，更注重内容的传播，所以传播分高就意味着这个产品的推广渠道会很多，搜索分高则意味着市场需求旺盛。由此我们知道，对于商家来说，什么品类才是一个好的品类，即搜索分高、传播分高，而内容分低的品类。这意味着大家有需求并且相关内容也很受欢迎，但这个内容又比较少，是典型的需求大于供给的产品。

我们还是以风扇和晾衣架这两个产品为例，来看一下这两个产品的市场讨论热度。从图 2-6 中可以看出，风扇的搜索分比晾衣架高，也就是需求量更大，而这两个产品的共同点是内容分和传播分都很低。这两个产品其实都不能算作好的品类，但不代表不能做，实际上如果这个产品的搜索分高，是非常适合做货架电商的。

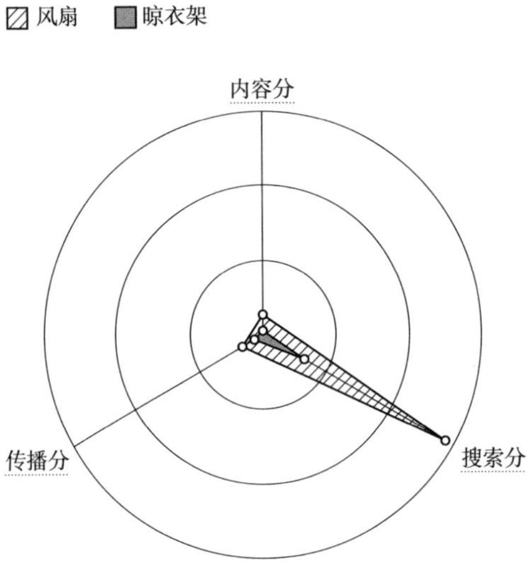

图 2-6　风扇和晾衣架的市场讨论热度

这里总结一下怎样通过搜索分、传播分、内容分给所选的产品分级。我们简单地按照 ABCD 来衡量产品的优先级。

A 类产品（高需求、低竞争）：传播分高，搜索分高，内容分低；

B 类产品（高需求、高竞争）：传播分高，搜索分高，内容分高；

C 类产品（高需求，适合货架电商）：传播分低，搜索分高，内容分低；

D 类产品（高需求，适合货架电商）：传播分低，搜索分高，内容分高。

总之，这一环节我们需要重点考虑产品所在市场的市场规模、市场延展性和持续性，要做有规模、可延展、可持续的市场。

4. 选品的策略

如果一开始不知道做哪个品类或者产品，可以先建一个综合性店铺来测试所有的品。测出好的品类和产品之后，可以建立一个垂直领域的店铺，根据细分品类做一个独立的店铺，这个店铺最开始也不要只围绕一个特定的产品，可以先做多个产品的测试，等测试出一个比较好的产品之后再围绕这个产品做延展。

5. 怎样判断一个产品好不好

好产品一般都具有以下特征：

（1）客户会主动分享产品。这就意味着产品的流量成本会比较低，客户自发地分享可以产生口碑的裂变，降低流量的获取成本。

（2）客户有复购。这种产品的客户忠诚度高，长期来看也可以降低流量的获取成本。

（3）产品可以延展到其他产品，有更多赚钱的机会。

2.3.2　竞争对手分析

对竞争对手的分析实际上是对事情的可行性进行分析。需要考虑的包括：风险层面，止损点在哪里，主要成本在哪里；业务层面，企业做什么产品，为什么要做这个产品，产品解决了什么问题，产品该如何定价，引流的整个漏斗是什么样的。

做任何生意都需要有竞争对手，一是有竞争对手说明这个市场、这个客户需求已经被验证过了；二是同行从来都是最好的老师，我们可以通过观察同行的一举一动来指引我们该做什么、怎么做。这里并不是提倡抄袭，而是借鉴，事实上任何一个人都是独一无二的，任何一个项目也都是无法一比一抄袭的，因为很多要素是没有办法复刻的，比如人、某个项目关键的操作时间节点等。我们对同行进行分析是为了借鉴，为了以人为镜，以及获得对客户更加准确的洞察。对同行的分析大致分为以下方面：

（1）产品差异化分析。主要通过分析同行详情页和推广素材的关键点，对产品进行卖点的提炼及亮点的总结。同时，分析客户在留言区和评价区描述的产品的问题，以此为依据归纳产品的痛点。

我们还是以风扇为例，打开一个同行的详情页可以看到这款产品优势在静音，同时在客户的评价里，尤其是差评里可以看到，客户对产品的充电续航能力不满意，那么续航能力不足就是产品的痛点，如图 2-7 所示。

图 2-7　产品优势和痛点

如果做同款商品，是不是只要我们的产品既静音，充电续航能力又强，我们的产品力就比这位同行更强了呢？即使我们做不到像同行的产品那么静音，但如果把产品的续航能力提高，是不是也能满足一部分客户对于续航能力的需求了呢？

（2）产品价格分析。自己能拿到的产品采购价与同行作对比，供应链是否有优势，如果单一价格不行，考虑一下多功能的 SKU（库存量单位）组合，比如同款风扇加一个移动充电设备。

（3）竞争对手的流量分析。主要是竞争对手的流量主要来自哪里，流量推广的手段有哪些，活动的频次如何，折扣怎么报，联系了哪些达人，产品之间的流量是怎么配合的，哪些是引流款，哪些是利润款等。

（4）竞争对手的产品上线时间。可以判断一下同行的经验，是一个新手还是做了很久的老手，找到与自己段位差不多的同行进行借鉴和学习。

（5）产品的利润空间核算。这里需要预估产品的销售费用，比如竞争对手的产品月销量，产品价格评估，包括利润多少、底价多少、活动价多少等。然后，对比一下自己和对手之间的差距，进行可行性分析，找到优势、劣势和机会点，同时，评估做这件事需要的时间和成本。

总之，不同的赚钱模式需要我们采取不同的市场策略、不同的营销打法，我们要结合自身条件去选择市场。同时，要学会借鉴竞争对手，分析他们的卖点和客户反馈的痛点，对比采购价格，找到合理的利润空间。另外，我们也要对比与同行之间的差异，找到机会点，计算好时间成本，预估好行动风险。在本书第 7 章会通过案例详细讲解如何全面分析竞争对手，并开启一个电商业务。

2.3.3 专注细分和垂直品类

电商创业是选择做泛品类，还是做垂直品类呢？我建议最好选择做垂直品类，专注于小而美，而不要追求大而全。为什么呢？下面我来介绍专注细分和垂直品类的理由和优势。

1. 满足客户个性化和多样性的需求

随着互联网应用的普及，客户的需求变得越来越多样化和个性化。因此，专注细分和垂直品类可以更精准地满足他们的需求，为他们提供所需要的产品和服务。相比之下，大而全的店铺往往难以准确捕捉客户的个性化需求。

2. 减轻竞争压力

专注细分和垂直品类可以避免与大型综合性卖场店铺直接竞争。在大而全卖场型店铺这个赛道上，比如头部达人的直播间店铺竞争得非常激烈，需要投入大量资源和精力才能与其他卖家进行竞争。相比之下，选择垂直品类，可以在相对较小的市场空间中建立自己的竞争优势，更容易获取目标客户的关注和忠诚度。

3. 建立专业形象和口碑

通过专注细分和垂直品类，可以在特定领域建立专业形象和口碑。客户倾向购买那些在特定领域具有专业知识和经验的卖家的产品。通过专注某个品类，我们可以深入了解该领域的市场趋势、客户需求和竞争格局，从而提供更专业、更优质的产品和服务。这种专业形象和口碑的建立，有助于吸引更多的目标客户，增加销售机会。

4. 控制成本，提升运营效率

专注细分和垂直品类可以带来成本控制和运营效率的优势。通过专注某个品类，我们可以深入了解产品的供应链、采购渠道和价格策略，从而更好地控制成本并获得更高的利润回报。此外，我们可以在产品管理、库存控制和物流配送等方面实施精细化的运营策略，提高运营效率并提供更快速、更优质的服务。

5. 建立品牌，明确市场定位

通过细分和垂直品类，可以更好地建立品牌形象和市场定位。在特定的品类领域中，我们可以把自己定位为行业专家或达人，树立品牌的权威性和信誉度。客户在购买某个品类产品时更倾向选择那些具有专业形象和知名度的品牌，这有助于建立客户的信任和忠诚度。

6. 精准营销

专注细分和垂直品类，可以更精准地定位目标市场，并实施针对性的营销策略。通过深入了解目标客户的需求、偏好和行为，我们可以开展有针对性的市场调研和分析，更好地定位自己的产品和品牌。同时，可以在营销投放的时候找到很多长尾词，进行精准营销。

这里解释一下什么是长尾词，长尾词与核心词的区别在于，前者流量小但转化率高，客户人群更精准，后者流量大但转化率低。比如连衣裙就是一个核心词，而大码连衣裙、适合胖人穿的连衣裙就属于长尾词，诸如此类。

以美妆细分品类店铺为例，在这个领域中有许多成功的店铺专注提供美妆产品和相关服务，它们通过紧跟美妆行业的市场趋势，深入了解客户需求和竞争情况，为客户提供个性化、专业化的美妆产品和服务，吸引了大量热爱美妆的客户。还有一些美妆店铺通过与美妆品牌合作，为客户提供广泛产品选择的同时，也为客户提供专业的美妆咨询和化妆技巧分享，从而为客户创造了一个全面的美妆购物体验。它们在商品描述和图文素材上下足了功夫，通过精美的图片、详细的产品描述和使用心得等内容，吸引客户的注意力并传达产品的价值和特点。这些店铺也非常注重与客户的互动，通过社交媒体平台和客户评价系统，与客户建立沟通渠道，及时回复客户的问题。同时，它们还会利用数据分析工具进行 A/B 测试，优化商品描述和图文素材的效果，并根据客户的反馈和喜好进行持续改进。

总之，专注细分和垂直品类在电商行业有诸多优势。通过精细化的市场定位、品牌建设和目标市场的精准营销，可以更好地满足客户的个性化需求、降低竞争压力、控制成本、提高运营效率，并建立自己在特定品类领域的专业形象和口碑。

2.3.4 精细化运营模式与矩阵运营模式

刚开始做电商，我们就会遇到是精细化运营一个店铺，还是广撒网批量做一个店群这个极具争议的问题。前者被称为精细化运营模式，后者被称为矩阵运营模式。在回答这个问题之前，我们先来看一下电商流量的转化过程，如图 2-8 所示。图中流量经过漏斗的每一层都会有损失，而且这种流量损失往往是由多种因素造成的，比如平台流量的分配规则、店铺的产品展示、内容种草情况，甚至是企业人员的稳定性、外部经济环境等。

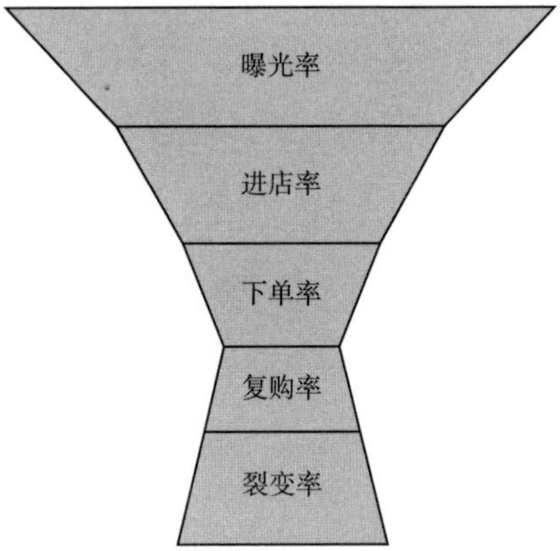

图 2-8　流量转化漏斗

精细化运营模式的核心逻辑是将各个环节优化到极致，让这个漏斗趋向垂直，但在实际操作中，因为造成流量损失的原因太多，我们无法保证没有流量损失。所以为了弥补这种流量损失带来的客户损失、收入损失，有的商家就会选择多店铺、多账号的矩阵运营模式。在我看来，这两种模式各有优劣势，但无论是哪一种，最核心的依然是增强业务稳定增长的确定性，并且两者之间并不是矛盾对立的关系，而是互补关系。

那么什么时候选择精细化运营模式，什么时候选择矩阵运营模式呢？在确定性因素较多或者在存量市场中，我们可以采用精细化运营模式。比如，如果我们把餐厅开在一个客流量很大的商场里，这个餐厅就不用愁客源，这是一个确定性结果。在电商领域，店铺的商品标题一般根据关键词的搜索趋势来优化，而社交媒体的选题一般围绕当下的热点话题展开，这些也都是已经验证过的确定性结果。所以在店铺运营过程中，影响运营漏斗中每一层的确定性因素越多，我们的优化方向就越清晰，精细化运营效果就越显著。另外，就是存量市场，也是红海市场。这样的市场，市场格局基本已经固定，没有太多增量，赛道里的选手经验都非常丰富，已经是一个成熟市场。在这种情况下，比的并不是谁更大胆，而是谁更少犯错，所以需要更加精细化的运营。

精细化运营模式和矩阵运营模式更多的情况下是你中有我，我中有你，相互依存。在增量市场，我们最好采用矩阵运营模式。比如在一个新平台或新市场出来的时候，我们可以跟随这个平台或者市场的增长而增长，用矩阵运营模式可以帮我们获取更多的发展红利。以短视频平台为例，当客户在快速增长的阶段，基本上只要入局就能享受到红利。比如早年的淘宝电商，最早一批入驻的商家都是赚钱的，只是赚多赚少的问题。当我们的店铺可进行规模化复制，且复制的成本越来越低时，复制的边际成本递减，我们也可以采取矩阵运营模式。显然，线下实体店那种连锁加盟的方式，并不符合边际成本递减这一条，因为每家实体店铺开店的成本都很高。但互联网行业不同，只要工具用得好，一个人运营一个网店都是有可能的。

上面都是从宏观角度来讲，比如赛道、市场规模，平台规则，甚至国家的政策，都有很多的不确定性。我们在组织内部，其实也存在着确定性和不确定性，需要将生产要素进行拆解分析。比如业务的流程，SOP[①]（标准操作程序）都是经过长时间打磨出来，适用于大部分人的一套操作手册，可以保证在操作时整体相对的稳定性，在企业的管理和业务的开展过程中，只需要不断调整优化就行了。这是需要

① SOP（standard operation procedure，简称 SOP）是指将某一事件的标准操作步骤和要求以统一格式描述出来，用于指导和规范日常的工作。SOP 的精髓是将细节进行量化。

精细化打磨的部分。又比如执行这套流程的人因为教育水平、生活工作习惯、性格情绪、身体素质、疲劳程度，甚至每天的不同时段等因素，存在很大的不确定性。人力资源，招聘选人就是在用矩阵运营模式提高概率，批量化筛人，来维持流程的稳定性。

上述两个例子是典型精细化运营模式与矩阵运营模式相互依存的场景。同时，也有另一种要素排列组合，即阿米巴的管理模式，即业务流程与人员打包成一个整体做矩阵运营模式提高概率。批量化选人用人，将大批人员分组，执行同一套流程，提高概率，只要有一组人跑出来就能值回票价。

讲了这么多，各位可以将自己的业务拆解一下，把生产要素都罗列出来，看看哪些是主观可控因素，哪些是不可控因素。把可控因素进行精细化运营，而不可控的因素是否适合规模化复制，提高概率的同时还有没有方法可以降低边际成本。我们将这些要素重新排列组合，会不会有新的收获。

2.3.5 怎样才能找到靠谱的供应商

做完选品，也确定了开店的策略，下一步就是选择靠谱的供应商。一个好的供应商除了在产品价格上能够给予足够的议价空间外，还可以给予物流、售后、账期等方面的支持。很多电商卖家都是在阿里巴巴这样的 B2B 平台上找供应商，但随着拼多多的崛起，很多工厂也直接在拼多多平台上开店，甚至很多时候拼多多上的采购价格比阿里巴巴上的还要低。下面就以拼多多为例，讲一下如何在拼多多平台上寻找优质靠谱的供应商，阿里巴巴及其他采购平台上的操作思路基本是一致的。

1. 如何寻找普通产品的供应商

综合性电商平台上都会有各种类目，我们可以找到自己感兴趣的类目，或者通过前面介绍的方法找到利基市场类目，一步步到类目的细分市场深入研究。

（1）通过热门类目寻找。如图 2-9 所示，在搜索框下方，是拼多多的一级类目，比如百货、女装、鞋包等；一级类目下方就是二级类目，即一级类目的细分类目，图中所示为百货的细分类目。我们可以找到自己感兴趣的类目，然后在里面寻找合适的供应商。

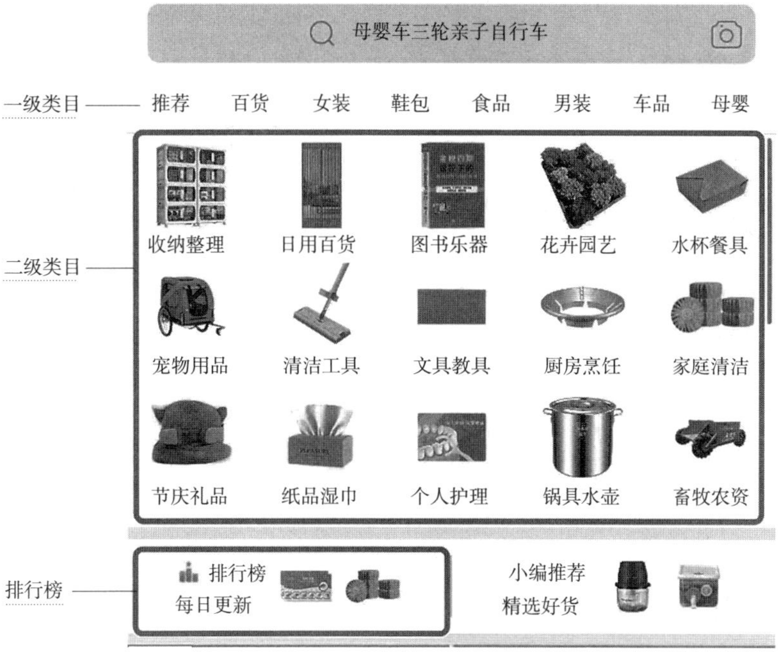

图 2-9　拼多多的类目分类

排行榜也可以作为选品工具，因为能够上拼多多榜单的产品，意味着在其他平台也是刚需的高销量产品，我们通过榜单中的这个产品直接找到它的卖家，如图 2-10 所示。

可以完成几万件甚至几十万件产品的交付，通常都是备足了很多货才可以做到的，有这种实力的要么是厂家，要么是比较有实力的贸易商。我们找供应商首选的就是源头厂家，其次是销量比较高，有一些实力的贸易商。

另一种方法是通过选定的产品，按照订单的销量排名，如图 2-11 所示，看哪个商家的产品卖得最火爆。

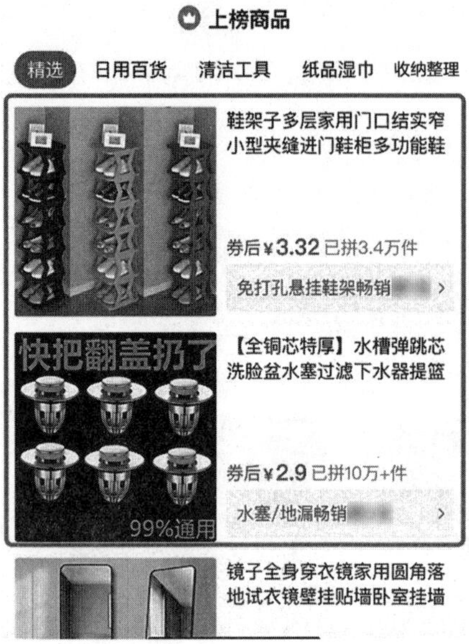

图 2-10　拼多多排行榜上的产品

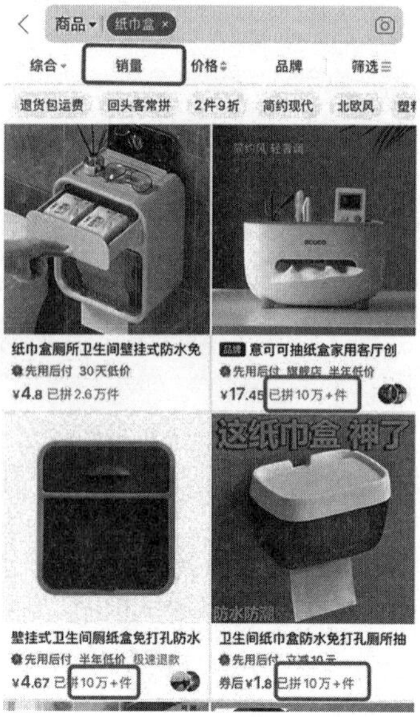

图 2-11　销量排名

以纸巾盒为例，按照销量排名，找销量最高的商家，找出至少 10 家商家作为参考，逐一筛选。

需要注意的是，在选择供应商产品的时候一定要考虑潜在的市场受众与自己的目标是否匹配。同时，要找到利润空间足够的产品，有足够的利润空间，产品的成本足够低，意味着商家更有可能是源头工厂。对于我们自身来讲，也有足够的空间可以做活动、提供赠品，或者进行达人营销。

（2）通过店铺寻找。通过上一步，我们找到了 10 家以上的店铺，之后需要在这些店铺里进行筛选，找到最可能是源头的供应商。工厂建立生产线的成本是很高的，很少有工厂会建立多条生产线，生产多个类目的产品，既生产服装又生产箱包，不可能的，一个产品从设计、打样到流水线批量生产，除了生产线本身的成本，厂家也承担着很大的库存压力。当一个店铺里卖的产品太多太杂，说明它很可能是一个倒买倒卖的商家，即无货源商家，所以这样的店铺就不在我们的考虑范围之内。

下一步是根据上面搜索的结果，找一个销量 10 万 + 的产品，同时看看这个店铺里还有哪些其他的畅销产品。通常是先大体看一下这家店的产品线是不是垂直的，类目是否很杂。如图 2-12 所示，这家店的产品就比较杂，除了纸巾盒以外，还有牙刷架、门后挂钩等，我们可以把它作为备选的贸易商。

我们进入卖家店铺主要是看一下卖家有哪些畅销产品，点销量看排名靠前的产品，如图 2-13 所示。

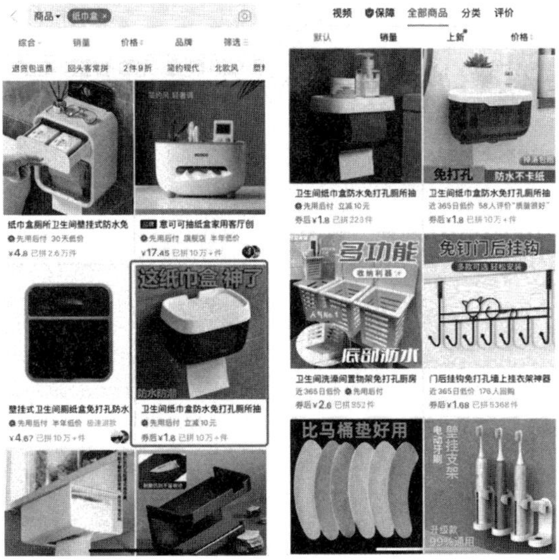

图 2-12　贸易商备选

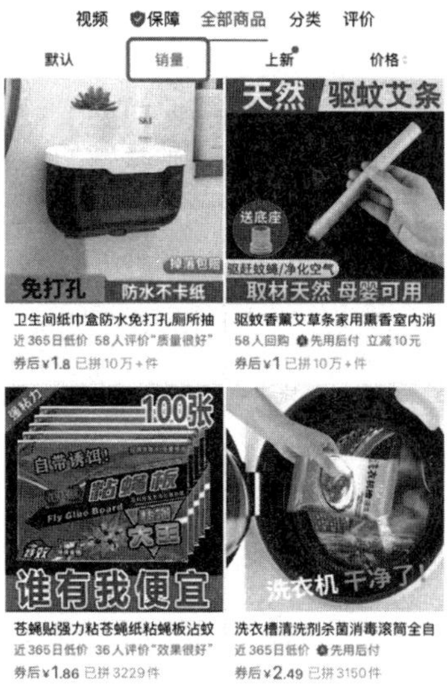

图 2-13　店铺中销量排名靠前的产品

看看有什么产品是可以关联或捆绑销售的。这家店铺主打的是卫生间的用品，销量前三的除了纸巾盒，还有驱蚊艾条和苍蝇贴，而且后两者的价格都比较低，符合作为赠品或者作为加购的产品进行捆绑销售，提升纸巾盒这个产品的附加价值。

（3）观察店铺基础信息。浏览过这些商品之后还要再看一下这家店铺的评分、评论、店铺信息等。通过观察店铺的评分与评论，可以有足够的信息判断产品到底好不好，买家的好评和差评来源于哪里，这样的评论要 100 条以上才有足够的参考价值。店铺信息包括成立的时间、资质等，这些可以帮助我们判断这家店铺成立的时间是否够长，以及主体是企业、工厂还是个体户。成立时间比较短的主体因为经营时间不长，很多方面不成熟，合作的弹性可能比较大，但伴随的风险是不太稳定；而经营时间比较长的主体，尤其是工厂、企业性质的店铺，会有一整套相对稳定的合作机制，但这种店铺可能就有一定的合作门槛，我们需要根据自身情况挑选适合自己的供应商。

以上三个步骤可以帮助我们找到一些供应商的表单，在查看潜在供应商店铺的过程中，一定要注意以下两个要点：

第一，要用一种销售的思路去看。我们不怕跟别人卖同样的产品，重要的是怎样增加产品的价值，要让客户觉得值得购买，别人卖单个产品，我们就增加免费的赠品，或者跟其他产品打包一起卖。

第二，要做一个在线的表格统计和记录潜在供应商的情况以备筛选。需要记录的维度主要包括店铺名称及来源，主打产品和成本价、免费的赠品和成本价，最终的售价、利润、供应商的性质，是厂家还是贸易商，方便我们做日后的供应商管理。

2. 供应商建联

统计好所有备选供应商的信息，就可以逐一根据需求调研供应商的交付能力。如果是一件代发的商家，可以先用买家的身份下单，购买产品回来看一下，若产品没有问题，可以与商家谈一谈是否支持一件代发，或者是否支持在线采购。

下单的时候可以备注告诉卖家不要在包裹里面和包裹外面留任何信息，因为有些平台卖家有时会留一些小卡片，比如好评返现、客服微信二维码等，或者是一些促销信息，在包裹的面单上会有拼多多的字样，这样对跨平台采购来说是有负面影响的。在发货时候可以备注卖家用自由发货的方式，尽量避免包裹内外保留额外的卖家或平台的信息。

找到供应商之后需要做好以下事项：

（1）背景调研。询问：贵企业经营多久了？您能提供一些企业的参考资料吗？

可以给我贵企业的注册号吗？

（2）产品调研。询问：贵企业做这些产品多久了？您的这个产品是对所有人都开放销售吗？产品供应、库存水平如何？当您缺货时，我需要等待多长时间？您的哪些数据源、产品源是我可以使用的？如果产品出现缺陷怎么办？您的保修、担保政策是什么？您能提供高质量的产品照片吗？

（3）如何下单。询问：有最低订货量吗？如果订购这么多台，您能提供什么价格？总费用是多少？您是否预计未来价格会产生变化，如果是，如何变化？您能在购买前提供产品样品吗？

（4）物流运输。询问：订单平均周转时间是多久？物流时效有多久？是否在包装上加入了平台标签？能不能自动发送订单和发货通知？谁支付退货运费？是否提供物流信息？

（5）产品如何支付。询问：如何采购订单？我的付款条件是什么，是否可以协商？接受的支付方式，是否可以有账期？能不能为大量采购提供折扣、回扣？

（6）其他。询问：有专门的客户经理吗？如果产品、订单没有到货会怎样？退货和退款政策是什么？不能按时交货怎么办？您什么时候放假？

第3章 注册店铺

如何在抖音平台上选择创业赛道？做抖音赛道应注重内容驱动。本章从注册开店的流程，以及撰写优质产品描述和上传图文素材入手，指引创业者通过垂直内容领域获取流量和客户，并分析了不同赛道在抖音平台上的竞争状况和成功率。

3.1 注册开店的基本流程和设置

3.1.1 注册抖音小店的基本流程

注册抖音小店是一个相对简单的过程，主要包括以下步骤：

（1）登录注册。打开抖音小店官网，使用手机号进行注册。

（2）选择店铺类型。根据自己的情况选择个体工商户、企业/公司或跨境电商。

（3）填写主体信息。上传营业执照和身份证照片，并填写相关信息。

（4）填写店铺信息。包括店铺名称、logo、类目等。选择类目时，需要确保在营业执照经营范围之内。

（5）平台审核。提交信息后，等待平台审核。审核时间通常为 1 ~ 3 天，审核结果会以短信的方式发送到手机上。

（6）账户验证。审核通过后，按照平台要求进行账户验证。

（7）缴纳保证金。根据所选类目缴纳相应的保证金。保证金在不开店时可以退还。

需要提醒的是，在抖音平台操作页面的右侧会有指引，读者可以在注册时参照官方的解释。

3.1.2　注册抖音小店的注意事项

注册抖音小店需要注意以下事项：

（1）营业执照。可以是公司或者个体工商户营业执照。一般新手开店建议注册个体工商户，原因是相比公司个体工商户可以节省运营成本。比如在店铺保证金方面相同的类目公司的金额更高，而且注册公司还有两项隐形的费用：一是代理记账；二是收入只能提现到公司的账户，银行会每个月收取账户管理费。考虑到税务合规因素，在采购产品和缴纳税费上也会有很多不方便的地方。而个体工商户的税收政策相对公司要宽松一些，在经营规模不是很大的时候，基本上不会牵扯太多的税务风险，可以将收入提取到自己的个人银行卡，这也便于跟一些供应商做采购付款。

（2）银行账户。公司银行账户或个人银行卡不限制开立行，如果是公司经营建议开通网上银行，这样转账会更方便。开立公司账户银行会每个月收取账户管理费，以招商银行为例，每个月会收取 50 元的账户管理费。

（3）营业范围。注册营业执照的营业范围尽可能涵盖抖音所有可以申请的类目：许可项目、出版物互联网销售、食品互联网销售（依法须经批准的项目，经相关部门批准后方可开展经营活动，具体经营项目以相关部门批准文件或许可证件为准）。

（4）一般项目。一般项目主要包括互联网销售（除销售需要许可的商品）、服装服饰批发、鞋帽批发、食品互联网销售（销售预包装食品）、教育咨询服务（不含涉许可审批的教育培训活动）、化妆品批发、日用百货销售、个人卫生用品销售、箱包销售、礼品花卉销售、电子产品销售、照相机及器材销售、家用电器销售、汽车装饰用品销售、办公用品销售。

特别提醒，凭营业执照依法自主开展经营活动。

3.1.3 店铺设置

店铺设置主要包括以下内容：

（1）店铺基础设置。打开抖音小店后台，进行基础设置。包括支付方式、官方账号绑定、运费模板设置等。

（2）商品上架。按照要求填写商品信息，包括标题、价格、图片、详情描述等，并选择合适的类目。

（3）推广引流。可以通过抖音平台的推广工具，如直播带货等，为店铺带来流量。

（4）订单处理。及时处理订单，包括发货、退款、售后等。

（5）店铺运营。店铺运营的一些比较基础的内容，官方都会在“商家助手”为卖家做指引。

（6）绑定收款账户和抖音账号。绑定抖音账号的目的是可以发布短视频或者进行直播带货。当然，如果只做商城的卖家也可以选择不绑定。

需要注意的是，如果售卖的产品需要一个商标，则需要自己注册一个，或者买一个授权暂时先用着，这里推荐去拼多多或者淘宝购买商标授权。

3.1.4 设置客服机器人

在大多数情况下，买家咨询的问题都不需要人工回复，可以配置好知识库，设置好自动回复，如图 3-1 所示。当买家咨询一些常见的问题时，抖音小店的客服机器人会代替我们秒回。

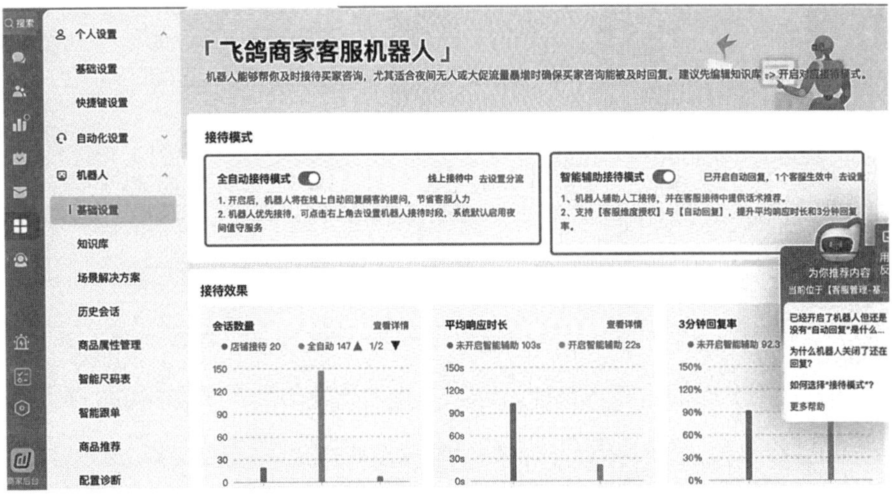

图 3-1　抖音小店客服机器人

3.2　如何撰写商品描述和设计图文素材

无论是货架电商还是兴趣电商，商品描述和详情页撰写都是必不可少的素材。由于兴趣电商增加了短视频和直播带货，需要的素材除了商品描述和详情页外，还需要手卡和文案描述。所以，撰写这些优质的商品描述和设计引人入胜的图文素材，对于吸引潜在买家、提高销售转化率和增强品牌形象非常重要。下面是一些指导原则，可以帮助您撰写优质的商品描述和图文素材。

3.2.1　简洁明了

商品描述应该简洁明了，突出商品的核心特点和卖点。简洁明了的商品描述对于吸引客户的注意力和促进购买决策至关重要。通过简洁明了的描述，可以突出商品的核心特点和卖点，使客户能够快速了解产品的优势和价值，进而产生购买意愿。简洁明了的商品描述要避免冗长的叙述和无关的细节，通过使用简明扼要的语言，精准提炼描述商品的独特之处。以下是一些例子，展示了如何利用简洁明了的描述来突出商品的核心特点和卖点。

案例 1：智能手表

“智能手表，结合时尚与功能于一身。追踪步数、心率、睡眠，提供人体健康管理；接收消息、电话和日程提醒，方便生活；防水设计，适合户外运动。”

这个描述简明扼要地介绍了智能手表的核心功能和卖点。它强调了该手表的健康追踪功能、消息提醒和防水设计，以及其作为智能生活助手的角色。客户可以迅速了解到这款手表的主要特点，并根据自身需求决定是否购买。

案例 2：户外背包

“户外背包，轻便且坚固，为您的户外之旅提供可靠的伴侣。多功能、多用途分隔和大容量设计，轻松存放装备和衣物；耐用的防水材料，保护您的物品免受恶劣天气的侵害；舒适的背负系统和可调节的肩带，减轻背部压力。”

这个描述突出了户外背包的轻便、坚固和多功能的特点。它强调了背包的大容量和分隔设计，适用于存放装备和衣物；防水材料的优势，可以保护物品免受恶劣天气的损害；同时舒适的背负系统和可调节的肩带，为客户提供舒适的使用体验。这些关键信息可以帮助客户判断该背包是否符合他们的需求和期望。

案例 3：美妆产品

“独特配方的面霜产品，精心挑选的原材料，温和而有效地滋养和修复改善肌肤；持久的配方，让妆容持久绚丽；多种颜色选择，满足不同肤色和风格的需求。”

这个描述强调了美妆产品的独特配方、原材料的优势，以及其持久性和多样化的颜色选择。它强调了产品的温和性和滋养性，以及能够持久维持妆容的优势。此外，还提到了适用于不同肤色和风格的多种颜色选择，以满足客户的个性化需求。通过这些关键信息，客户可以了解到该美妆产品的独特之处，从而做出购买决策。

3.2.2 组织结构清晰

商品描述可细分为几个点，如商品特点、功能、用途、材质、尺寸、包装等，以清晰的组织结构呈现给客户。这样做可以使客户更容易找到他们所关心的信息，并加深对商品的理解。

清晰的组织结构对于描述商品的质量和吸引力至关重要。通过将商品描述进行细分，并以清晰的结构呈现给客户，以便帮助客户更轻松地找到他们关心的信息，并全面了解商品的特点和优势。

首先，将商品描述细化，可以根据商品的不同进行分类，以便系统地介绍每个方面的信息。例如，一个家用电器产品可细分为商品特点、功能、用途、材质、尺寸、包装等。每个点都涵盖了客户关心的重要信息，以便他们有针对性地了解产品的各个方面。

其次，每个点应该有清晰的标题或小标题，以便客户能够快速浏览并找到感兴趣的信息。例如，商品特点可以使用标题比如产品特点或者产品亮点；功能可以使用标题比如多功能设计或者强大性能，以此引导客户在阅读商品描述时更加关注和理解不同点的内容。

举个例子，对于一款智能音箱的商品描述，可以按照以下方式进行组织：

（1）商品特点。①智能语音助手：支持语音操控，可以回答问题、播放音乐等；②无线连接：支持蓝牙和 Wi-Fi 连接，方便无线音乐传输和智能家居控制；③强大音质：高保真音质，提供清晰、逼真的音乐享受。

（2）功能。①智能控制：通过语音指令控制音箱，调整音量、播放模式等；②音乐播放：支持在线音乐平台，可以随时享受各种音乐资源等；③闹钟和提醒：设置闹钟、提醒事项，帮助您更好地安排时间。

（3）用途。①家庭娱乐：在家中播放音乐、收听广播，增添生活乐趣；②智能家居控制：与智能家居设备连接，通过语音指令控制灯光、温度等；③语音助手：解答问题、查询资讯、提供实用信息。

（4）材质和尺寸。①高品质材料：采用耐用的塑料和金属材质，外观精美，质感优雅；②尺寸：紧凑的设计，方便携带和放置在不同的空间。

（5）包装。①产品包装：精美的包装，保护产品安全，提升礼品价值；②包装内容：附带配件和说明书，方便客户使用和设置。

通过以上清晰的组织结构，客户可以逐个阅读每个细节，了解产品的特点、功能、用途、材质、尺寸和包装等重要信息。每个细节都有明确的标题，客户可以根据自己的兴趣和需求，有针对性地阅读和获取所需的信息，提高购买决策的准确性和效率。

此外，在每个点的描述中也可以使用有序列表、短语和段落来进一步组织和呈现信息。例如，商品特点可以使用有序列表列出每个特点，使其更加明确和易于理解。也可以使用段落来详细介绍每个功能，以便客户全面了解产品的功能和用途。

3.2.3　商品优势

在商品描述中，要突出强调商品的优势和价值，既表述商品能够解决客户的需求或问题，也表述能为客户带来什么样的好处和体验。使用有力的词汇和形象的描述，让客户感受到商品的价值和吸引力，增强客户的兴趣和购买意愿。

首先，要明确商品的核心优势。了解商品的特点、功能和优点，找出它相对于竞争对手的独特之处。这可能涉及商品的性能、质量、设计、创新性、实用性等。例如，如果是一款智能手表，其核心优势可能包括智能健康监测功能、高精度传感器、长久续航等。在描述中突出这些优势，强调商品的优势和超越竞争对手的能力。

其次，使用有力的词汇和形象的描绘。在商品描述中，采用积极、生动的词汇，能够给客户留下深刻的印象。使用形容词、副词和动词等词汇强调商品的优势和特点。例如，对于一款高清晰度的摄像机，使用清晰、逼真、细腻等形容词来描述图像质量，使用捕捉、记录、分享等动词来描述功能。这样的描述能够让客户想象到使用该商品时带来的优质体验和效果。

此外，采用形象的描绘和比喻，能够更好地传达商品的优势和价值。通过生动的场景描述、客户案例或故事，让客户能够置身其中，感受到商品的真实效果和好处。例如，对于一款抗皱面霜，可以描述为宛如时光倒流的神奇魔法，让您的肌肤恢复年轻时的光彩，抚平岁月留下的痕迹。这样的描绘能够唤起客户对于商品功效的想象和渴望。

另外，结合客户的需求和痛点，突出商品的解决方案。客户购买商品的根本目的是解决需求或问题，获得实际的利益和好处。因此，在商品描述中要明确强调商品能够满足客户的需求，解决他们的问题，并给出具体的好处和体验。了解目标客户的痛点和需求是关键，以便在商品描述中精准地突出商品的解决方案。

举个例子，假设您在销售一款便携式充电宝，其主要特点是超大容量和快速充电。在描述中，您可以强调它的优势和价值，示例如下：

我们的充电宝拥有巨大的电池容量，它能够满足您长时间使用移动设备的需求，让您告别频繁充电的困扰。即使在急需充电的情况下，我们的快速充电技术也能够让您的设备在短时间内充满电，让您不再因为电量不足而错失重要时刻。无论是旅行、户外活动还是日常使用，我们的充电宝将成为您的得力助手，保持您的设备始终在线，畅享无忧体验。

这个例子突出了便携式充电宝的三个主要优势：大容量、快速充电和便携带。通过使用诸如巨大的电池容量和快速充电技术等形容词，强调了商品的特点和性能。同时，指出了客户的需求和问题，即长时间使用移动设备和急需充电，以及旅行、户外活动的情况，并强调带来的好处和体验。

3.2.4 高质量图文素材

图文素材是吸引客户注意的关键要素之一。使用高质量的商品图片，清晰、鲜艳、展示商品的细节和特点。同时，可以考虑使用一些配图、场景展示或商品效果图，增强商品的视觉吸引力和购买欲望。通过精心选择和展示商品图片，能够有效地传达商品的外观、细节和特点，给客户提供更直观、更真实的购买体验。

首先，确保使用高质量的商品图片。清晰度是最基本的要求，客户需要清楚地看到商品的外观和细节。图片应该具有高清晰度的分辨率和像素，避免模糊和失真。此外，颜色的准确性也很重要，确保图片的颜色与实际商品相符，客户可以准确地了解商品的外观和颜色搭配。

其次，图片应该能够展示商品的特点和细节。通过选择合适的角度和拍摄方式，突出商品的独特之处和卖点。例如，对于一款家用电器，可以拍摄其外观、功能按钮、显示屏等细节，让客户更好地了解产品的外观和功能。同时，如果商品有特殊的材质或工艺，也应该通过图片展示出来，以增强商品的吸引力。

另外，还可以考虑使用一些配图、场景展示或者商品效果图来增强商品的视觉吸引力和购买欲望。配图可以是与商品相关的场景或配件，呈现商品在使用场景中的实际效果和用途。场景展示可以是商品在不同环境中的实际应用情景，让客户更好地理解商品的使用场景和效果。商品效果图则可以展示商品的某些特殊功能或效果。例如，一个护肤品的效果图可以展示使用前后的皮肤变化。

举个例子，为了展示一款户外运动鞋的特点和吸引力，可以采用以下策略：

首先，使用高清晰度的图片，确保客户能够清楚地看到鞋子的外观和细节。

其次，通过不同角度的图片展示运动鞋的设计和细节，比如鞋底的防滑纹路、鞋带的设计、鞋身的材质等。同时，配合一些场景展示图片，展示运动鞋在户外环境中的实际穿着效果，如徒步旅行、登山等。

此外，还可以使用一张效果图，展示运动鞋的防水性能，以便吸引那些关注防水功能的客户。

除了图片，文字的描述也应该与图片相呼应，突出商品的特点和卖点。文字描述可以对图片中展示的细节进行补充和解释，向客户传达更全面的信息。比如在描述运动鞋时，可以强调其防滑、透气、舒适等特点，以及适用于不同户外活动的优势。文字描述应该用简单明了的语言突出商品的独特之处，以便引起客户的兴趣。

需要注意的是，在使用图文素材时要注意版权和合规性，确保使用的图片和文字不侵犯他人的知识产权，不涉及虚假宣传和误导客户的行为。在使用他人的图片时，最好获得授权或使用免费商用授权的素材，避免版权纠纷。同时，注意遵守电商平台的规定和政策，避免违反广告宣传法、客户权益保护法等相关的法律法规。

3.2.5　详细参数和规格

客户在购买商品时通常会关注商品的详细参数和规格，比如尺寸、颜色、重量、功率等。确保在商品描述中提供准确和全面的参数信息，帮助客户做出正确的购买决策。

提供详细的参数和规格是撰写优质商品描述的重要方面之一。客户在购买商品时，往往希望了解产品的具体参数和规格，以便确定商品是否符合他们的需求和期望。因此，提供准确、全面的参数信息对于促进客户做出购买决策至关重要。

首先，确保参数的准确性。在商品描述中提供的参数和规格必须准确无误，与实际产品相符。错误或不准确的参数信息可能导致客户产生误解或不满意，进而影响购买决策和客户体验。因此，在撰写商品描述时，务必核实和验证每个参数的准确性，并确保与供应商或制造商的提供的信息一致。

其次，提供全面的参数信息。商品描述应该尽可能全面地列出商品的各项参数，包括尺寸、颜色、重量、功率、材质、容量等。如果有特定的功能或特点，也应该清楚地标明。这样，客户可以更好地了解商品的细节，从而做出更准确的购买决策。

举个例子，一款数码相机尽可能提供详细的参数和规格描述：分辨率：2 400 万像素；传感器类型：APS-C；可拍摄视频分辨率：4K 超高清（Ultra HD）；镜头类型：可更换镜头；对焦方式：自动对焦、手动对焦；快门速度：1/4 000 秒；连拍速度：8 张 / 秒；显示屏尺寸：3 英寸；存储介质：SD 卡；电池类型：锂离子电池；重量：约 500 克；尺寸：120 mm × 80 mm × 50 mm。这些信息可以帮助客户更好地了解相机的功能和性能，判断是否符合其拍摄需求和偏好。

除了参数的描述，还可以进一步补充说明和用途示例，以便客户更好地理解和应用参数信息。在商品描述中，提供有关参数的说明，解释其含义和作用，能帮助客户更好地理解产品的特点和功能。

在上述相机的描述中可以添加补充说明，比如：分辨率：2 400 万像素，拍摄出高清的照片，细节清晰可见；传感器类型：APS-C，提供更大的感光面积，增强图像的色彩还原和细节表现；可拍摄视频分辨率：4K 超高清，拍摄出生动逼真的高清视频，保留细腻的画面细节；镜头类型：可更换镜头，根据不同的拍摄需求选择不同的镜头，拓展创作可能性；对焦方式：自动对焦、手动对焦，可根据需要选择快速自动对焦，或者精确手动对焦；快门速度：1/4 000 秒，捕捉高速运动的瞬间，避免图像模糊；连拍速度：8 张 / 秒，捕捉连续动作和快速变化的场景；显示屏尺寸：3 英寸，清晰明亮的显示屏，方便拍摄和回放照片；存储介质：SD 卡，支持大容量存储卡，方便保存大量照片和视频；电池类型：锂离子电池，使用寿命长，可以满足拍摄需求；重量：约 500 克，轻便易携带，方便在户外活动中使用；尺寸：120 mm × 80 mm × 50 mm，紧凑的设计，方便携带和储存。

通过这些补充说明，客户能够更好地理解参数的作用和意义。他们可以根据参数信息判断相机是否满足自己的需求。比如对于摄影爱好者来说，高分辨率、可更换镜头和多样的拍摄模式可能是重要的考虑因素；而对于旅行者来说，重量轻、体积小、电池寿命长可能更具吸引力。

总之，提供详细的参数和规格是撰写优质商品描述的关键要素之一。准确、全面地列出产品的各项参数信息，并配以适当的说明和示例，能够帮助客户更好地了解产品的特点和功能，做出准确的购买决策。这样的描述不仅提升了客户购买决策的信心，还减少了购买后的可能疑惑和退货率，提高了客户满意度和产品的口碑。

在撰写商品描述时，可以参考以下几个方面来提供详细的参数和规格：

（1）尺寸和重量。对于需要适应特定空间或携带便利的商品，如家具、电子设备或旅行用品，详细列出商品的尺寸和重量是必要的。比如一款行李箱的商品描述可以包括净重、行李箱大小及承载能力，帮助客户选择满足自己需求的尺寸。

（2）材料和质量。描述商品使用的材料种类、质地和特点，以及产品的制造工艺和质量控制标准。比如一款手工制作的皮革钱包的商品描述可以突出使用优质皮革材料和精湛的手工工艺，以增强其价值和耐用性。

（3）功能和性能。详细说明商品的主要功能和性能特点。比如计算机的内存容量、相机的焦距范围、电气设备的功率等。客户关注这些参数，以便评估商品的性能和适用性。比如一款智能手机的商品描述可以强调其高分辨率屏幕、多核处理器和大容量电池，以展示其卓越的性能。

（4）颜色和款式。提供商品可用的颜色和款式选择，以便客户根据个人喜好和风格偏好进行选择。这对于服装、鞋履、家居装饰品等商品尤为重要。比如一款时尚女装的商品描述可以列出可选的颜色和尺码范围，以满足不同客户的需求。

（5）配件和附件。如果商品附带配件或附件，应在描述中提及。这有助于客户了解商品的全套配置，并决定是否需要额外购买配件。比如一款数码相机的商品描述可以明确指出是否附带镜头、电池、充电器、存储卡等配件。

通过提供详细的参数和规格信息，客户可以更全面地了解商品的特点和性能，从而做出更准确的购买决策。同时，这也展示了商家对产品的专业性和透明度，增强了客户对商品的信任感，提升了购买的满意度和体验。

在撰写商品描述时，确保参数信息的清晰和易读性主要体现在以下方面：

（1）清晰简洁的语言。使用通俗易懂的语言来描述参数和规格，使客户能够轻松理解。避免使用过于专业或晦涩的术语。

（2）项目符号或表格。使用项目符号或表格的方式呈现参数和规格信息，使其更易读和易于比较。

（3）提供比较参照。在描述中提供一些参照物或类似商品的参数作为对比，帮助客户更好地理解商品的参数和规格。比如可以描述相机的分辨率为 2 400 万像素，相当于普通手机相机的两倍，以便客户对其画质有更直观的认识。

（4）强调关键参数。针对与商品特点密切相关的关键参数，可以使用粗体、颜色或其他方式强调，使其在描述中更加突出。这有助于客户快速捕捉到关键信息。

（5）避免遗漏重要参数。要确保描述中包含客户最关注的参数，同时不要遗漏重要信息。在编写商品描述之前，可以先了解目标客户的需求和关注点，以便更全面地提供相关的参数信息。

3.2.6 客户评价和推荐

在商品描述中引用一些真实的客户评价和推荐，可以增强商品的可信度和购买动力。选择一些正面的评价和推荐，突出商品的优势和客户体验，以增强客户对商品的信心。

客户浏览商品时，通常会查看其他客户对该商品的评价和推荐，以了解真实的购买体验和产品质量。因此，在商品描述中引用一些真实的客户评价和推荐是一种有效的策略，可以增强商品的可信度和购买动力。

首先，选择正面的客户评价和推荐。在商品描述中引用那些给予商品正面评价的客户意见，可以让客户看到其他人对该商品的认可和满意度。这些正面的评价和推荐可以是关于商品质量、性能、使用体验、功能等方面的。通过展示其他客户对商品的积极评价，可以增强客户对商品的信心，使其更倾向购买。比如您在销售一款智能手表，可以在商品描述中截图引用客户评价：“这款智能手表功能强大，外观时尚，我很喜欢它的心率监测和步数统计功能。使用起来很方便，屏幕显示清晰，而且电池寿命很长，非常满意这次购买。”这样的引用可以有效地传达其他客户对该产品的正面评价，增强客户的购买动力。

其次，突出商品的优势和客户体验。在引用客户评价和推荐时，重点突出商品的优势和客户体验，使客户更加关注这些方面。比如您在销售一款护肤产品时，可以引用客户评价：“这款护肤产品真是太神奇了！我使用了一段时间后，发现皮肤变得更加光滑细腻，痘痘和暗沉问题也解决了。非常感谢这款产品，我会一直使用下去。”这样引用将客户的实际体验与商品的优势相结合，可以增强客户对产品的兴趣和认同。

再有，注意引用客户评价和推荐的可信度。为了增强引用的可信度，选择真实的客户评价和推荐非常重要。客户对真实性和客观性有很高的要求，因此确保引用的评价和推荐来自真实的客户，并且尽量避免使用过于夸张或不可信的内容。如果有可能，提供一些客户评价和推荐的来源，比如客户的昵称、头像或购买证明，可以进一步增强引用客户评价和推荐的可信度。

此外，引用客户评价和推荐时，可以考虑不同类型的客户和他们的使用场景。针对不同的客户需求和使用场景，选择具有代表性的评价和推荐，以满足不同客户的需求。比如您在销售一款运动鞋，可以引用一位运动爱好者的评价：“这双运动鞋非常适合跑步，舒适度极佳，脚部支撑和缓震效果都很棒。我在长跑时穿着它，完全没有脚疼或不适的感觉。”这样的引用可以针对那些注重运动性能和舒适度的客户，增强他们对商品的兴趣和认可。

另外，在商品描述中使用图文并茂的方式展示客户评价和推荐。除了引用客户的文字评价，结合相关的客户照片、评分、购买记录等信息，可以更直观地展示客户对商品的认可和满意度。通过图文结合的方式，意向买家可以更全面地了解其他客户的购买体验，进一步增强对商品的信心和购买意愿。

最后，不断更新和优化客户评价和推荐。客户对于新鲜和真实的评价更感兴趣。因此，定期更新客户评价和推荐是必要的。鼓励客户在购买后留下评价，并及时回复和处理客户的问题和反馈，建立良好的信任和口碑。此外，根据客户的反馈和市场需求不断优化和改进产品，以提高客户的满意度和购买体验，进一步增强正面评价和推荐的数量。

3.2.7 关键词和搜索引擎优化

撰写商品描述时，SEO 是非常重要的。研究相关的关键词和热门搜索词，合理地在商品描述中使用这些关键词，可提高商品在搜索引擎中的排名和曝光量。这样可以增加商品在搜索结果中的可见性，吸引更多的潜在买家。

当客户在抖音上搜索商品时，他们通常会使用特定的关键词或短语。搜索引擎会根据这些关键词来匹配和展示相关的商品结果。如果您的商品描述中包含与客户搜索相关的关键词，您的商品就有更大的机会在搜索结果中显示出来。

为了使用关键词和搜索引擎优化来撰写优质的商品描述，提供以下建议：

（1）研究关键词。使用工具如抖音巨量算数来研究与您的商品相关的热门搜索词和关键词，了解客户在搜索上使用的常见词汇和短语。这些关键词可以帮助您理解客户在搜索产品时使用的常见词汇。

（2）将关键词融入描述。在商品描述中，巧妙地融入相关的关键词，以便在搜索引擎中更容易被检索到。但不要过度使用关键词，以免影响阅读体验和描述的流畅性。比如晾衣架关键词，如图 3-2 所示。我们可以尝试将这些关键词放进短视频的文案或者描述里，以便提高被搜索到的概率。

（3）优化标题和子标题。在商品标题和子标题中使用关键词，这在搜索引擎中具有更高的权重。确保标题和子标题能够准确描述商品，并吸引客户点击。比如您在销售一款美容商品，可以在标题中使用关键词，抗皱面霜，深层滋润，提亮肤色，护肤精华，这有助于提高商品在搜索结果中的排名。

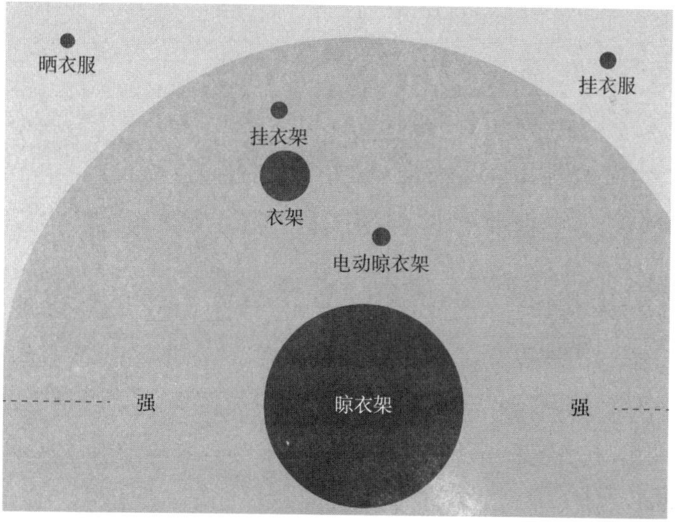

图 3-2 晾衣架关键词

（4）提供详细的商品信息。除了关键词优化，提供详细的商品信息也是吸引客户和提高搜索引擎排名的重要因素。在商品描述中包含足够的信息，以便客户了解商品的特点、功能和优势。比如您在销售数码相机，除了在描述中使用关键词外，还应提供数码相机的技术规格、像素、拍摄模式、镜头类型等详细信息。这样可以让潜在买家充分了解产品，并增强他们购买的信心。

（5）强调商品的独特卖点。除了使用关键词外，商品描述还应突出商品的独特卖点和特色。告诉客户为什么选择您的商品，它的独特之处是什么。比如您在销售一款手工制作的皮革钱包，可以强调精美的手工工艺、高质量的皮革材料和独特的设计。这样可以吸引那些寻找独特、精致产品的客户。

（6）使用高质量的图文素材。在电商平台上，图文素材是吸引客户注意力的关键。确保您的商品描述配有清晰、高质量的产品图片，并多角度展示。同时，撰写吸引人的图文描述，让客户可以通过文字和图片获得充分的信息和感受。使用有吸引力的标题和描述，突出商品的特点和优势。

（7）参考竞争对手和行业范例。学习和借鉴成功的电商店铺和相关行业的范例。观察他们的商品描述和图文素材是如何吸引客户的，从中汲取灵感。浏览竞争对手的店铺，了解他们使用的关键词、描述风格和内容结构。不要直接复制，但可以从中获得启发，思考如何将其应用到自己的商品描述中。

总之，撰写优质的商品描述和图文素材在电商平台上是非常重要的。通过使用关键词和搜索引擎优化，您可以提高商品在搜索结果中的曝光度和排名。同时，还要提供详细的商品信息，突出商品的独特卖点，并使用高质量的图文素材来吸引客户的注意力。参考竞争对手和行业范例可以为您提供创作灵感和借鉴。通过这些方法，您可以撰写出吸引人、准确描述商品的优质内容，提升商品的销售效果和客户体验。

3.2.8 故事和情感元素

客户更容易被故事和情感触动，因此在商品描述中加入一些引人入胜的故事或者情感元素，可以引起客户的关注和共鸣。讲述商品背后的故事、创作灵感或与客户生活相关的场景，使商品更具亲和力和情感共鸣。

在抖音上撰写商品描述时，使用引人入胜的故事和情感元素，激发浏览者的情绪，引发情感共鸣是一种强大的策略，可以引起客户的关注。故事和情感元素能够赋予商品更多的意义和情感价值，让客户产生更强烈的购买欲望。下面将具体说明如何运用引人入胜的故事和情感元素，并举例说明其效果。

（1）讲述商品背后的故事。客户对于商品背后的故事总是充满好奇和兴趣。通过讲述商品的起源、设计灵感、制作过程等，可以引起客户的情感共鸣。比如某手工皮具品牌可以讲述创始人的独特故事，描述他如何热爱手工艺、如何用心制作每一件产品，以及商品背后蕴含的传统文化和独特价值。这样的故事能够赋予商品更多的情感和品牌认同，吸引客户与品牌建立情感联系。

（2）创作与客户生活相关的场景。将商品融入客户的日常生活场景，可以帮助客户更好地理解商品的用途和价值，并激发他们的购买欲望。比如您在销售一款户外运动品牌，您可以通过描述一个逼真的户外冒险场景，让客户想象自己使用该产品的刺激与快乐。通过与客户生活相关的场景结合，商品不再是抽象的物品，而是与客户生活息息相关的伙伴。

（3）强调产品的个人意义和情感价值。客户购买商品不仅仅是为了满足物质需求，更多时候是追求个人意义和情感价值。在商品描述中，要强调商品对个人生活的影响和意义，可以引发客户的情感共鸣。比如，您开一家鲜花店，您可以强调送花的意义，在描述中突出表达送花是表达爱意、祝福和关怀，让客户感受到花束代表的情感价值，进而激发他们购买的动力。

（4）利用客户故事和见证。客户故事和见证是另一种有效的情感元素，可以为商品描述增强可信度和亲和力。通过引用客户的真实故事和见证，展示他们在使用商品后的积极体验和改变，可以让客户更容易产生共鸣和信任。比如，您在销售一款健身器材品牌，可以引用客户的真实反馈，描述他们如何通过使用该器材获得健康和自信，改变了他们的生活。这样的见证能够证明产品的有效性，并激发客户对产品的信心和兴趣。

（5）利用情感化的语言和表达。在撰写商品描述时，使用情感化的语言和表达方式能够更好地触动客户的情感。选择形容词、副词和动词等，使其具有情感色彩，营造出更加温暖、亲切和引人入胜的氛围。此外，可以运用修辞手法、比喻和隐喻等修辞，让商品描述更具有文学性和感染力。比如，描述一款护肤品时，可以使用诸如细腻如丝，呵护肌肤如母爱般温柔的表达，让客户身临其境，并将产品与愉悦的情感联系起来。

这些故事和情感元素能够赋予商品更多的意义、情感价值和认同感，激发客户的购买欲望。无论是讲述商品的背后故事、创作与客户生活相关的场景，还是强调商品的个人意义和情感价值，都能够营造出与客户的情感共鸣，并增强商品的吸引力和销售效果。因此，在撰写商品描述和图文素材时，务必善用故事和情感元素，创造出独特而引人入胜的叙述，以吸引客户的兴趣和建立情感连接。

3.2.9 购买指引和保障

在商品描述中，提供清晰的购买指引和保障措施，帮助客户了解购买流程步骤、支付方式、退换货政策等信息，可以增强客户的信心和购买意愿，提高购买转化率。以下是一些具体的措施和例子，说明如何在商品描述中提供清晰的购买指引和保障。

（1）购买流程指引。在商品描述中，要详细介绍购买流程步骤，从浏览商品、加入购物车、填写订单信息到确认支付等，确保客户了解每个步骤的操作方式和顺序。可以通过简单的文字说明、流程图或者示意图来展示购买流程，使客户能够轻松地理解并进行购买操作。假设某电商平台上销售手机配件，商品描述中可以明确指出购买流程：选择需要的配件并加入购物车→点击结算并填写收货信息→选择支付方式并进行支付→确认订单并等待配送。通过这样清晰的购买流程指引，客户可以迅速了解整个购买过程，提高购买的便利性和可信度。

（2）支付方式说明。在商品描述中列举可接受的支付方式，并提供每种支付方式的相关信息和说明，比如信用卡、借记卡、支付宝、微信支付等。客户可以根据自己的支付习惯和便利性选择合适的支付方式。同时，提供支付过程中的安全保障措施，比如采用安全加密技术、第三方支付平台的保护等，以增强客户对支付安全性的信心。假设某家电商平台提供了信用卡、支付宝和微信支付三种支付方式，商品描述中可以明确说明每种支付方式的使用方法、支付流程及支付过程中的安全保障措施。这样客户就可以根据自己的偏好和需求选择最合适的支付方式，也能够对支付安全性有所了解。

（3）退换货政策说明。在商品描述中要明确阐述退换货政策，包括退货条件、退货期限、退款方式及退货流程等。客户在购买商品时，常常担心商品与描述不符或存在质量问题，因此清晰的退换货政策可以为客户提供安心的购买保障，增强其购买的信心。比如某家电商平台的商品描述中可以指明退货条件为商品未使用、完好无损，并在收到商品后的七天内提出退货申请。退款将在收到退货并检查合格后进行，退款金额将原路返回。同时，详细描述退货流程，包括填写退货申请表格、联系客服并提供相关信息、寄送退货商品等。通过明确的退换货政策和退货流程，客户可以清楚地了解退货的条件和操作方式，增强其购买的信心和保障感。

（4）售后服务承诺。在商品描述中强调售后服务承诺，比如提供 24 小时在线客服支持、快速响应客户问题和投诉、及时处理售后问题等。客户在购买商品后，希望得到及时、专业的售后服务，因此明确的售后服务承诺可以增强客户对商品的满意度和信任度。比如某电商平台在商品描述中明确表示提供 24 小时在线客服支持，承诺在工作时间内回复客户问题，并提供售后电话和电子邮件联系方式。同时，强调对售后问题的快速解决和积极处理。这样的承诺可以让客户感到放心，知道在购买后有可靠的售后支持。

总之，在电商平台撰写优质的商品描述和图文素材，提供清晰的购买指引和保障措施至关重要。通过详细的购买流程指引、支付方式说明、退换货政策和售后服务承诺，可以帮助客户更好地了解购买流程、支付安全、退换货政策及售后支持，从而增强客户对商品的信心和购买意愿。这些措施不仅可以提高购买转化率，还能够建立良好的客户体验和品牌形象。

3.2.10　不断优化和测试

撰写商品描述和图文素材是一个不断学习和改进的过程。通过观察和分析数据，了解客户的偏好和反馈，不断优化商品描述和图文素材的内容和形式，进行 A/B 测试，比较不同版本的描述和素材对销售转化率的影响，从中获取经验教训，持续改进。

在进行优化和测试时，关键是依赖数据分析和客户反馈。比如，您是抖音电商的卖家，销售一种名为健康果汁的商品。开始时，编写了一份商品描述，并使用了一些图文素材来展示商品的特点和优势。然而，您希望进一步提高销售转化率，因此决定进行优化和测试。

首先，您收集了一段时间的销售数据和客户反馈，发现销售转化率并不高，同时一些客户提到对商品的功效和使用方法的描述不够清晰。基于这些发现，您决定进行优化，并尝试以下几个方面的改进：

（1）商品描述的简洁明了。缩减商品描述的篇幅，将重点放在商品的核心特点和优势上。清晰地描述商品的功效、成分及使用方法，并使用简洁明了的语言，以便客户能够快速了解商品的价值。

（2）图文素材的改进。您选择了一组高质量的图片，展示产品的外观和使用场景。您确保图片清晰、吸引人，并与商品描述相互补充，提供更全面的信息。

（3）引用客户评价和推荐。您添加了一些真实客户评价和推荐，增强商品的可信度和吸引力。这些评价和推荐可以是文字形式，也可以是客户拍摄的短视频，展示客户对产品的真实体验和满意度。接下来，进行 A/B 测试。您将原始版本的商品描述和图文素材（A 版本）与优化后的版本（B 版本）进行对比。您将 A 版本应用于一部分商品展示页面，将 B 版本应用于另一部分页面，并观察两个版本的销售转化率。在测试期间，您注意到 B 版本相对于 A 版本有了明显的改进。销售转化率提高了 10%，同时收到了更多的正面客户反馈。这表明优化后的商品描述和图文素材更能吸引和激发客户的购买兴趣，从而提高销售转化率。基于测试结果，您决定全面采用 B 版本的商品描述和图文素材，并将其应用于所有的商品展示页面。然而，您并不止步于此，而是将这一过程视为一个持续改进的循环。您继续监测销售数据和客户反馈，关注商品描述和图文素材的效果。您还可以采用以下方法进一步优化。

（4）关注数据分析。通过抖音提供的数据分析工具，您可以深入了解商品描述和图文素材对销售转化率的影响。您可以关注页面浏览量、点击量、加入购物车数量和购买数量等指标，并与商品描述和图文素材进行关联分析。这将帮助您确定哪些方面需要进一步优化和调整。

（5）客户反馈和评价。积极收集客户反馈和评价，无论是通过在线留言、社交媒体评论还是客户调查。客户意见和建议可以提供宝贵的洞察，帮助您了解客户的期望和需求，从而进行相应的改进。

（6）不断创新和实验。除了优化现有的商品描述和图文素材，您还可以尝试新的创意和形式。比如，您可以尝试使用视频展示产品的特点和使用方法，或者通过故事化的描述引起客户的情感共鸣。通过不断尝试新的创意和实验，您可以发现新的有效方式来吸引客户的注意力和提高销售转化率。

总之，在电商平台撰写优质的商品描述和图文素材是一个持续学习和改进的过程。通过观察数据、分析客户反馈、进行 A/B 测试及不断创新和实验，可以逐步优化和提升商品描述和图文素材的效果，从而吸引更多的客户并提高销售转化率。记得始终关注市场趋势和客户需求变化，并灵活调整策略，以保持竞争力和持续的业绩增长。

第 4 章　如何获取流量和提高曝光度

在抖音电商中，品牌和个人 IP 是吸引流量的重要手段，通过内容创作可以塑造专业可信的形象，提升品牌影响力。本章将重点讲解如何通过打造个人 IP 和品牌形象来增加在抖音平台上的影响力。

FACT（field 商家自播、alliance 达人矩阵、campaign 营销活动、top-KOL 头部大 V）模型是抖音电商底层方法论，是以内容为中心的电商经营能力。通过 FACT 模型，能够帮助商家获得全新的增长和获客机会。根据商家调研数据可知，在商家入驻抖音电商之后，该平台的客户构成中 85% 以上是新客户，可见兴趣电商的发展空间很大。

4.1　商家自播

商家自播可以实现与目标客户的直接沟通和互动，沉淀自身的客户口碑和粉丝积累，形成稳定日销。

4.1.1　短视频算法规则

要想了解短视频带货，首先要知道抖音短视频的算法机制是什么样的。抖音短视频是一款基于客户个性化推荐的短视频平台，其算法机制是抖音成功的关键要素之一。抖音短视频的算法机制是一个复杂而精密的系统，通过分析客户的兴趣、行为和视频内容，为客户提供个性化的内容推荐和客户体验。

1. 精准的推荐机制

抖音的核心目标是通过精准的推荐机制，让客户看到他们可能感兴趣的、最相关的视频内容。

首先，抖音通过分析客户的行为和兴趣来了解他们的个性化需求。通过收集客户的观看历史、点赞、评论、分享、关注等行为数据，抖音能够建立客户的兴趣标签和客户画像。这些标签和画像可以反映客户的喜好、偏好和行为习惯，为后续的推荐提供依据。

其次，抖音对每个视频进行内容特征提取。它会分析视频的主题、音乐、标签、描述等元素，以了解视频的内容和特点。这些内容特征有助于抖音算法理解视频的主题、风格和情感，为后续的推荐提供参考。

此外，抖音利用相似度计算来寻找相关的视频内容，通过比较不同视频之间的相似性可以找到与客户观看历史和兴趣相匹配的视频。相似度计算可以基于视频的内容特征、标签等，以确定客户可能感兴趣的相关视频。

另外，抖音还采用协同过滤的算法。它通过分析相似客户的喜好和行为，为客户推荐类似的视频内容。这种协同过滤可以帮助抖音发现客户可能喜欢的视频内容，扩大客户的观看范围，丰富他们的视频体验。

最后，抖音算法系统具备实时反馈和迭代优化的能力。客户对推荐内容的互动和反馈，如点赞、评论、分享等，会被算法系统及时记录和分析。这些反馈数据被用于优化推荐结果和个性化内容，不断提升客户的满意度和参与度。

总之，抖音短视频的算法机制通过客户兴趣和行为分析、内容特征提取、相似度计算、协同过滤等多种方法，为客户提供个性化的内容推荐和客户体验。这种算法机制的成功在于能够根据客户的偏好和行为，实现精准的内容匹配和推荐，从而提高客户的留存率和参与度。同时，抖音算法不断进行实时反馈和迭代优化，以适应客户的变化和需求。

2. 重视客户体验

抖音短视频的算法机制对客户体验的重要性非常重视。它通过不断分析客户的观看习惯、兴趣漂移、关注领域的变化等，以保持对客户兴趣的准确把握。通过精确的推荐，抖音能够让客户在短时间内找到感兴趣的内容，满足他们的需求，提高客户留存时间和使用频率。

除个性化推荐外，抖音还注重客户参与度的提升。它通过引入互动元素和社交功能，如点赞、评论、分享等，鼓励客户与视频内容进行互动。这些互动行为不仅能够增强客户的参与感和忠诚度，还为算法提供了宝贵的客户反馈数据，用于进一步优化推荐系统。

3. 大数据支持

抖音短视频算法机制的成功离不开大数据支持。抖音拥有庞大的客户基础和海量的视频内容，这为算法提供了充足的数据样本。通过分析海量的数据，它能够更好地了解客户的兴趣和行为模式，为推荐系统提供更准确的依据。

4. 注重客户隐私和数据安全

抖音采取严格的数据保护措施，确保客户个人信息的安全和隐私的保密。客户可以自主选择是否参与数据收集和个性化推荐，保障了客户的权益和选择权。

抖音短视频的算法机制是一个复杂而精密的系统，通过分析客户兴趣和行为、内容特征提取、相似度计算、协同过滤等方法，为客户提供个性化的内容推荐和客户体验。通过对数据不断地反馈和优化，抖音致力于提供更好的客户参与度和留存率，使客户能够快速找到感兴趣的内容，享受优质的短视频体验。

4.1.2　让短视频获得更多流量

客户每发表一条内容，都会进入抖音的一个起始的流量池，抖音会通过数据和算法随机推送 500 个左右的客户刷到这条内容，然后再根据这些客户的互动反馈，如点赞、评论转发，来决定是否将这条内容推送到下一个流量池。我们可以简单设想，抖音目前有四个阶段的流量池：500、3 000、1 万、10 万 +，每一个流量池都会根据观看者互动的比例决定是否继续推荐。了解抖音的流量池底层逻辑后，我们再来看怎样获得更多流量，突破更高级别的流量池。

短视频获得流量绝不仅仅是简单的拍摄商品，而是需要一整套的定位，为商家或者个人建立 IP 人设①，只有 IP 人设才能让客户得到最直面的信任感。比如我们熟知的一些主播，他们卖什么都会火爆，客户相信的已经不是商品，而是他们这个人，所以要做短视频，核心是建立 IP 和人设。从建立 IP 的定位到养号和创作，也是有一整套流程的。

完整的抖音短视频 IP 创作流程分为定位（方案 ABC）、拍摄脚本（选题）、试拍、问题反馈、正式拍摄、后期剪辑和内容上线。

1. 怎样做定位

首先要抢占客户心智，这一点可以归纳为从自身出发和向同行借鉴。

（1）从自身出发。可以通过以下方式寻找自己的特点：①人无我有，人有我优；②有独创的呈现形式；③行业第一；④类型第一；⑤率先跨行业应用；⑥有独一无二的标签。

① IP 人设是指对人物的一种设定，它可以是一个故事，一种形象，一件艺术品，一种流行文化。

（2）向同行借鉴。重点是找到对标的竞品。根据前文的介绍，选择一个客户基数、市场规模较大的行业或者领域，关注 20 ～ 30 个同行，观察他们的作品，归纳总结他们的呈现方式。对于许多创作者来说，模仿同行的内容是学习和成长的一部分。一个成熟的创业者每天都会拿出固定的时间去调研同行，对同行每天做了什么了如指掌。通过观察、学习和借鉴同行的作品，可以更好地理解客户喜欢的内容类型和创作方式，并在此基础上展现自己的创意和个性。

同行永远是最好的老师。模仿同行的内容之前，需要仔细观察和分析他们的作品，关注他们的视频主题、拍摄手法、剪辑技巧、配乐运用等。每一个同行的视频都有一套独有的内容框架，因为有了框架才便于复制。每条视频都像是一个填空题，成熟的创作者会根据内容框架，每条内容用填空的方式把不同的内容填充进去，形成一条新的原创视频。我们需要通过观察，了解同行的框架和拍摄难度，用来评估是否适合自己进行借鉴，了解他们成功的原因和受众的喜好。通过观察同行的作品，可以从中发现一些通用的成功元素和创作技巧，并从中获取灵感和启示。我们可以把同行的视频分为四类，如图 4-1 所示。

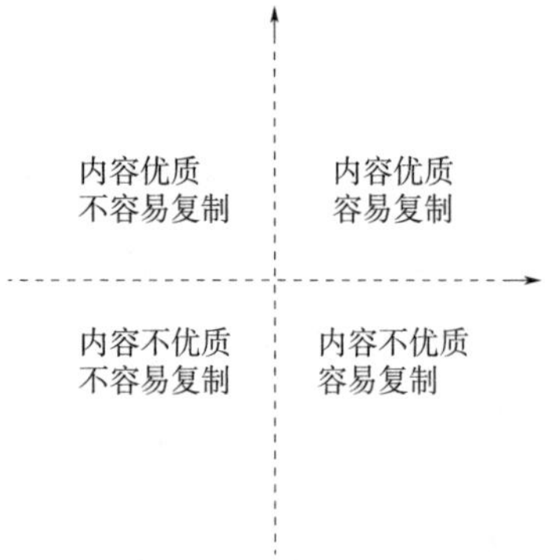

图 4-1　将同行的视频分为四类

这里，内容优质的评判标准是客户的互动数据，而是否容易复制的标准则是通过分析拍摄手法和框架衡量拍摄的成本、流程的复杂程度。当然，成本越低、流程越简单就越容易复制。在这四类里，最受欢迎的是容易复制的类别，如果是内容优质容易复制的同行，可以果断进行借鉴和模仿，而内容不够优质，拍摄手法却异常简单的同行，我们可以考虑用矩阵的方式提高概率，毕竟每一条内容抖音都会给予一定的免费流量。我见过一个同行旗下有上千个达人帮他发布短视频，在一两个月把一个商品做到平台销量第二名，几十万的累计销量，她的拍摄手法异常简单，完全是靠合作的上千个达人把销量做上去。这个案例我会放在后面达人矩阵环节介绍。

2. 怎样找到精准的对标账号呢

可以通过付费的第三方软件，比如考古加，也可以通过抖音官方的热点宝，这里以抖音热点宝为例。

第一步，通过抖音搜索热点宝进入，在“热点广场”找到“热榜聚合”，搜索想要查询的关键词，找到“低粉爆款”，看近 7 天的数据。

第二步，依次点开这些低粉爆款的账号，看账号的主页，判断其涨粉的速度。通过观察第一条视频发布时间和粉丝数量，新起的账号通常有如下表征：① 1 个月内粉丝 1 万以上的同类型账号；② 3 个月内粉丝 5 万以上的同类型账号；③ 6 个月内粉丝 10 万以上的同类型账号。

第三步，观察粉丝的画像，判断画像的精准度。

第四步，分析拍摄细节判断拍摄成本。判断的维度包括且不限于：是否有人物出境；视频的拍摄场景；视频的总体时长；讲解的声音类型。比如视频是真人直接讲解，还是真人后期配音，或者是 AI 后期配音。

在寻找对标账号的时候，一定要找与自己同段位的同行来参考借鉴，比如这个同行做账号有多久，第一条视频是什么时候发布的，粉丝的画像与自己是否匹配。最重要的是，这个账号能不能卖货，然后通过拆解表格将对标账号的基本信息、投稿的频率、爆款视频等，统计下来进行分析。如果分析后确定这个账号全部的基本信息都符合上面四个象限中的第一象限，就可以作为我们的对标账号，纳入统计。

3. 如何拆解对标账号的基础数据

拆解对标账号表，见表 4-1，可以依照这些维度进拆解。

表 4-1　拆解对标账号表

对标账号拆解工具

<table>
<tr><td rowspan="4">基本信息</td><td>账号昵称</td><td></td><td rowspan="4">粉丝画像</td><td>粉丝年龄</td><td></td><td rowspan="4">拍摄难度</td><td>是否有人物出镜</td><td></td></tr>
<tr><td>粉丝量</td><td></td><td>粉丝性别</td><td></td><td>视频拍摄场景</td><td></td></tr>
<tr><td>更新作品数量</td><td></td><td>粉丝城市级别</td><td></td><td>视频时长</td><td></td></tr>
<tr><td>第一条作品发布日期</td><td></td><td>粉丝人群方向</td><td></td><td>讲解声音类型</td><td></td></tr>
<tr><td rowspan="6">投稿频率</td><td>更新频率</td><td>爆款视频</td><td>视频选题</td><td>点赞量</td><td>评论量</td><td>分享量</td><td>吸粉量</td><td>视频爆点</td></tr>
<tr><td rowspan="2"></td><td></td><td></td><td></td><td></td><td></td><td></td><td></td></tr>
<tr><td></td><td></td><td></td><td></td><td></td><td></td><td></td></tr>
<tr><td>更新数量</td><td></td><td></td><td></td><td></td><td></td><td></td><td></td></tr>
<tr><td rowspan="2"></td><td></td><td></td><td></td><td></td><td></td><td></td><td></td></tr>
<tr><td></td><td></td><td></td><td></td><td></td><td></td><td></td></tr>
<tr><td rowspan="6">高转化视频模板</td><td>镜头序列（数量）</td><td colspan="2">拍摄卖点</td><td colspan="2">拍摄手法</td><td colspan="2">讲解文案</td><td>视频音乐</td></tr>
<tr><td>1</td><td colspan="2"></td><td colspan="2"></td><td colspan="2"></td><td></td></tr>
<tr><td>2</td><td colspan="2"></td><td colspan="2"></td><td colspan="2"></td><td></td></tr>
<tr><td>3</td><td colspan="2"></td><td colspan="2"></td><td colspan="2"></td><td></td></tr>
<tr><td>4</td><td colspan="2"></td><td colspan="2"></td><td colspan="2"></td><td></td></tr>
<tr><td>5</td><td colspan="2"></td><td colspan="2"></td><td colspan="2"></td><td></td></tr>
</table>

拆解对标账号的基础数据主要需要判断账号第一条视频的发布时间、频率，比如多久发一条，一天发多少条，通常一天发一条比较正常，而几天发一条属于低频账号，一天发多条视频属于高频账号。按照对标账号的点赞排名记录前五名的视频，或者点赞量超过 1 000 的视频，记录视频的选题或标题。拆解高涨粉视频的爆点，比如分析爆款的共性、视频评论分析客户的共鸣点。

4. 寻找差异化运营

根据归纳的同行特点，找到有差异化的呈现形式，设定个性的标签，塑造属于自己的个人风格。在模仿同行的内容时，一个重要的考虑因素是如何展现个人的风格和独特性。尽管您参考了同行的作品，但更需要通过打造品牌形象来让自己与众不同。这涉及在模仿中融入个人特点，以及在内容表达和呈现方式上展示个性和创意。

首先，要展现个人风格，找到自己的独特之处。这可能包括您的声音、表演风格、创意构思或视觉呈现等。寻找自己的特点并加以突出，可以使您的作品在同质化的内容中脱颖而出。比如您可以尝试使用独特的语言风格、幽默的表达方式或特殊的拍摄手法来吸引客户的注意。

其次，个性化的配乐在塑造个人风格方面起着重要作用。音乐是情感的传达者，选择适合作品氛围和风格的音乐可以加深客户的记忆。您可以根据内容的不同选择激动人心的音乐、轻松欢快的曲调或者悲伤的旋律等，以营造与您的个人形象相符的情感氛围。

此外，幽默的台词或诙谐的表达方式也可以成为展现个人风格的有效手段。通过巧妙的语言运用、俏皮的对话或幽默的情境设置，您可以给客户带来愉悦的观影体验。在模仿同行的内容时，您可以加入自己独特的语言风格或个性化的台词，使作品更具个人特色。

除了在表达方式上展现个人风格，塑造个人形象也需要在视觉呈现方面下功夫。通过选择独特的拍摄角度、创意的视觉效果和精心设计的画面构图，您可以为作品注入个人的艺术风格和审美观，这可以通过灯光的运用、色彩的搭配、镜头的运动等来实现。通过将自己的视觉想法与模仿的内容相结合，您可以创造出与众不同的视觉体验，吸引客户的注意力。

总之，在模仿同行的内容时展现个人风格和独特性是至关重要的。通过找到自己的独特之处、个性化的配乐、幽默的台词及视觉呈现的创意，塑造与众不同的形象，吸引更多客户的关注。在追求个人风格的过程中，要保持创意和创新的思维，不断尝试新的表达方式和呈现手法。

5. 塑造人物风格的成功案例

在塑造个人风格时，可以参考如下成功案例：

（1）某些跨境博主。他们在抖音和 TikTok（海外版抖音）上都有账号，以其独特的文化视角和幽默的剪辑风格在抖音平台上走红。他们的视频内容不仅突出了跨境身份独特的洞察力，还融入了本地热点话题，甚至成功地建立了自己的品牌形象。

（2）某些抖音博主。他们通过创意以形象塑造和个性化表达方式吸引了大量粉丝。比如一些博主以特定的服装风格、独特的发型或个人标志性动作等来塑造自己的形象，有些博主甚至会把同行的文案用自己家乡的方言再说一遍。这些独特之处使他们在海量内容中脱颖而出，成为客户喜爱和关注的对象。

（3）某些美食博主。他们在模仿同行的美食内容时，通过独特的烹饪技巧、精美的摆盘和专业的拍摄手法塑造了自己的个人风格。他们注重细节和创意，让食物诱人且具有视觉冲击力。这种个性化的表达方式吸引了大量的美食爱好者和关注者。

通过参考这些成功的案例，我们可以汲取灵感，发掘适合自己的个人风格，并将其融入模仿同行的内容创作，并保持创意和创新的思维，不断尝试和改进。与此同时，要密切关注客户的反馈和市场的变化，不断调整和优化自己的创作方式，与时俱进。

需要注意的是，要保持真实和真诚。尽管在模仿同行的内容，但仍然需要展现自己独特的个性和创意，不要完全复制别人的作品。客户喜欢真实和有个性的创作，因此要保持自己的独特性，并通过模仿和创新相结合的方式来打造自己的品牌形象。

6. 展现个人风格和独特性

在模仿同行的内容时，要注意以下几点来展现个人风格和独特性：

（1）深入研究同行的作品。仔细观察和研究同行作品，了解他们的创作风格、表达方式和受众群体。这样可以帮助我们更好地理解他们成功的原因，并为创作提供灵感。

（2）寻找创意的结合点。在模仿同行的内容时，寻找与个人风格相契合的创意点，比如独特经历、个人兴趣或特长等。通过将这些元素融入模仿的内容，可以展现出与众不同的创作风格。

（3）加入个人特色的细节。在模仿同行的内容时，注重细节和个性化的表达，可以是特定的动作、表情、声音或习惯用语等。这些细节能够提升作品的亲和力，并让客户产生共鸣。

（4）创造自己的形象和角色。在模仿同行的内容时，思考如何创造一个与众不同的形象或角色，可以是一个特定的服装风格、化妆特点、发型或身体语言。通过这些视觉上的元素，可以让客户很快地辨认出您的作品，并与您的形象产生联想。

（5）探索不同的创作方式和风格。除了模仿同行的内容，还要尝试探索不同的创作方式和风格。这可以帮助发现自己的潜力和独特性。尝试使用不同的剪辑技巧、特效处理或故事叙述方式，以展现出与众不同的创作风格。

（6）反思和改进。在模仿同行的内容时，要时刻保持反思和改进的心态。观察和分析客户的反馈，了解他们对作品的喜好和意见。通过不断优化和调整，可以逐步发展出自己独特的创作风格，并吸引更多的客户。

假设您想模仿一位抖音博主在旅行中分享风景的视频。您可以从他们的作品中学习拍摄角度、镜头运动和音乐选择等技巧。然后，在模仿的过程中加入自己的特色，如通过添加自己的评论和观点来增强个性化。您还可以在视频中分享自己的旅行经历和感受，以及对景点的独特见解。通过展示您的个性和独特的观点，客户可以更好地了解您的旅行风格和态度。

另外，您还可以通过选择与众不同的音乐来增强视频的表现力。挑选那些能够凸显您想要传达的情感和氛围的音乐。如果您想展现自己积极乐观的旅行态度，可以选择欢快活泼的音乐；如果您想表达对大自然的敬畏和内心的宁静，可以选择柔和悠扬的音乐。音乐的选择不仅可以增强客户的观看体验，还可以展示您对音乐的品位和理解。

此外，在视频剪辑和特效处理上，您可以尝试运用一些独特的创意，包括添加文字、贴纸或特殊的过渡效果等。通过巧妙的剪辑和特效处理，您可以提升视频的视觉吸引力，并让客户留下深刻的印象。

最后，要持续学习和改进。不断观察和分析客户的反馈，了解他们对您作品的喜好和意见。您可以通过观看同行的作品、参加相关培训或与其他创作者交流，不断提升自己的技能和创作水平。同时，保持创新和创意的思维，不断尝试新的创作方式和风格，以保持个人风格的活力和吸引力。

总之，模仿同行的内容并不意味着完全复制，而是在参考和学习的基础上展现个人风格和独特性。通过展示自己的个性、加入独特的细节和创意，我们可以在模仿中塑造出与众不同的形象，吸引客户的关注和记忆。同时，保持持续学习和改进的心态，不断探索新的创作方式和风格，以保持个人创作的新鲜感和吸引力。

7. 理解目标受众是创作的重要前提

目标受众是指我们希望吸引和影响的特定客户群体，他们是我们的潜在客户和粉丝群体。理解目标受众的兴趣和需求，能够帮助我们更好地创作内容，使其与他们产生共鸣并吸引他们的注意力。

首先，观察同行作品的受众群体是一个重要步骤。通过观察他们的作品和与之互动的客户，我们可以初步了解受众的特点和偏好。需要注意他们的年龄、性别、地理位置等基本信息，以及他们的评论和反馈。这些数据可以提供有价值的线索，帮助我们更好地了解目标受众的喜好和需求。

其次，通过分析评论反馈可以更深入地了解目标受众。评论反馈是客户对作品的直接反映和意见，可以揭示客户的喜好、兴趣点及对内容的期望。仔细阅读评论，关注客户提到的关键词、表达的情感和反馈的建议。这些信息可以为我们提供洞察，以及指导我们在创作中更准确地满足目标受众的需求。

此外，了解目标受众的兴趣和需求也可以通过调研和数据分析来获得更全面的信息。可以进行市场调查、客户调研或者利用电商平台提供的分析工具来获取关于受众群体的更多数据。通过分析受众的购买行为、浏览偏好和搜索关键词等信息，我们可以更精确地了解他们的兴趣和需求，从而有针对性地创作内容。

基于对目标受众的理解，可以根据他们的喜好进行创作。如果我们的目标受众是年轻人，他们可能更喜欢时尚、潮流的内容；如果我们的目标受众是妈妈群体，他们可能更关注实用性和与家庭生活相关的内容。了解目标受众的兴趣点，我们可以从中汲取灵感，模仿同行的成功案例，并加入自己的创意和个性，以创作出符合受众喜好的内容。

总之，理解目标受众是模仿同行内容进行创作的重要前提。通过观察同行作品的受众群体和评论反馈，以及进行调研和数据分析，我们可以更好地了解目标受众的特点、兴趣和需求。这样的了解能够为我们在创作过程中提供指导和灵感，使我们的作品更加贴近受众的心理和期待。

8. 展现出与众不同的风格和观点

在理解目标受众后，我们可以运用以下方法来模仿同行的内容并进行创作：

（1）研究同行作品。仔细观察与您的目标受众相似的同行作品，分析它们的特点、风格和创意。了解同行作品的成功之处，以及它们是如何吸引目标受众的注意力和共鸣的。

（2）分析评论和反馈。阅读同行作品的评论和反馈，了解受众的喜好和需求。关注他们对作品的评价、喜欢的元素及希望看到的改进。这些反馈可以帮助我们更好地理解目标受众的期待，并在创作中加以考虑。

（3）借鉴成功案例。寻找同行中的成功案例，并思考它们是在哪些方面得到受众的欢迎。我们可以学习它们的创意构思、故事叙述方式、视觉效果等，并尝试将这些元素应用到自己的创作中。

（4）加入个性和创意。虽然模仿同行的内容是一种学习和借鉴的过程，但我们也要保持自己的独特性和创意。在模仿的基础上加入自己的个性和风格，注入独特的元素，使我们的内容与众不同。在模仿同行的内容时，我们可以尝试采用类似的拍摄角度、编辑风格和音乐选择，以及使用与时尚相关的关键词和标签。通过模仿他们的创作手法，我们可以获得一种时尚的氛围和视觉效果，使内容更具吸引力。

（5）关注趋势和热点。时刻关注时尚行业的发展趋势、流行元素和热点非常重要。时尚潮流不断变化，新的流行元素和风格不断涌现。我们可以通过关注时尚杂志、社交媒体和行业活动，了解最新的时尚趋势，并将其应用到自己的创作中。这样，我们可以更好地把握目标受众的兴趣点，保持与时俱进的创作风格。

（6）进行实验和测试。在模仿同行内容并进行创作的过程中，要不断尝试不同的创作方式和表现形式，并观察它们对受众的反应和互动。通过数据分析和观察客户的评论和反馈，我们可以了解哪些创作方式更受欢迎，哪些元素能够吸引更多的关注和转化。这样，我们就能够不断优化自己的作品，更好地满足目标受众的需求和期待。

总之，模仿并不意味着简单地复制同行的作品。我们应该注入自己的个性和创意，展现出与众不同的风格和观点。同时，及时关注时尚趋势，进行实验和测试，不断优化和改进自己的创作，以保持与受众的连接和关注。

9. 确定定位的公式

经过以上洞察，基本上可以给自己的 IP 设一个定位，而确定定位的公式为：行业领域＋类型＋标签。

（1）领域。可以理解为最初确定的领域，比如美食、美妆、服装、情感、舞蹈等，以及目标客户经常关注的领域。

（2）类型。可以理解为视频的呈现形式，比如剧情、特效、口播等。

（3）标签。可以根据自身特点设定标签，比如漂亮、犀利、有情调、搞笑、乐观、正义、爱憎分明等。

10. 找到同行优质短视频的方法

利用精选联盟选品中心、找到带货的短视频，提炼要素。除了一些付费工具外，官方也提供了很多我们可以学习借鉴的途径。比如在精选联盟用产品关键词纸巾盒搜索，就会出现与之相关的产品关键词，如图 4-2 所示。

我们的目的是找到自己产品的同类型产品或者同款，借鉴同行短视频的创作风格，所以不需要过于纠结关键词，同品类就可以。随便选一个，比如“纸巾盒爆款榜第一名”，出现了如下同行产品列表，然后选择按销量排序，也是推广效果最好的产品，从第一个开始点开，下滑到“视频 / 直播创作灵感”，如图 4-3 所示。

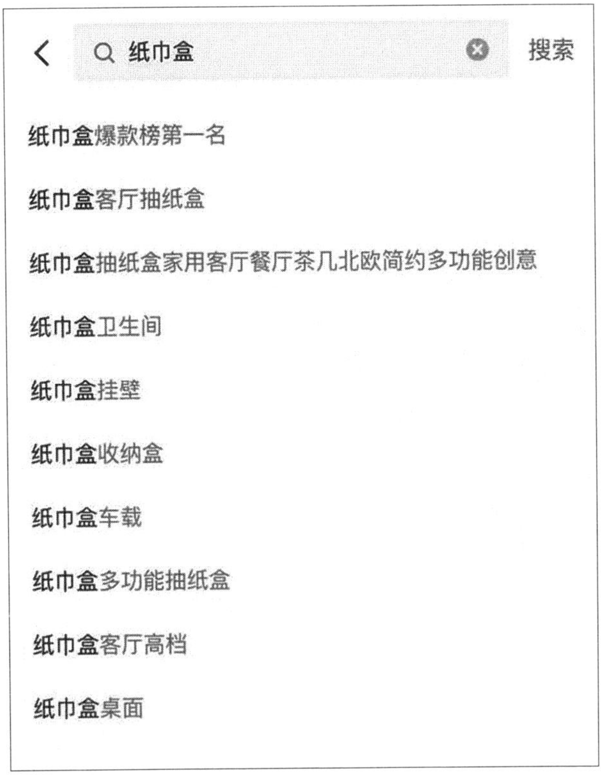

图 4-2　关键词搜索“纸巾盒”

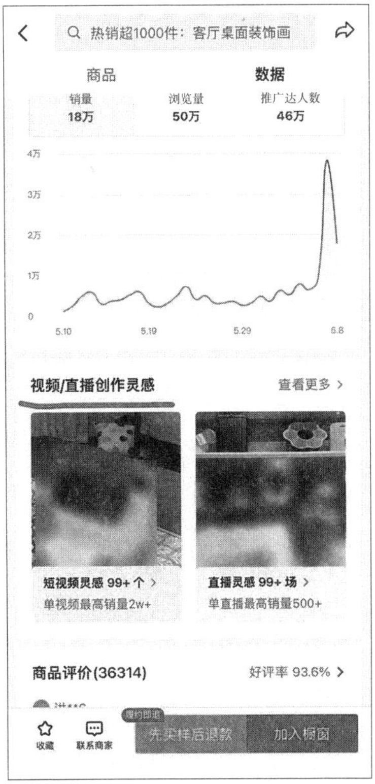

图 4-3　视频 / 直播创作灵感

可以看到有哪些短视频的带货效果最好，然后将其保存下来进行分镜拆解。当我们把排名前 30 的短视频都拆解一遍，分析这个产品什么样的短视频脚本更容易实现销售，我们心中就有数了。

4.1.3 打造爆款内容

爆款内容有两个明显的特征，要么是让客户觉得有用，要么是让客户觉得有感。有用就是客户愿意阅读、愿意收藏，比如正义点、知识点等；有感就是迎合客户的情绪，比如共鸣点、冲突点、笑点、泪点、嗨点等，可以让客户点赞和转发。

1. 寻找创作灵感

寻找创作灵感的过程就像探索宝藏，我们要深入同行作品中仔细观察和思考，寻找其中的亮点和独特之处。这意味着我们要关注同行作品中的独特构思、有趣的剧情、有力的表达等，并从中获取灵感。

首先，我们可以观察同行作品中的独特构思。这可能是一种独特的创意、想法或者是不同寻常的方式来表达某个主题或概念。我们可以问自己，他们是如何处理这个选题的？他们采用了哪些视觉元素、情节设定或者是艺术手法来呈现？通过观察和分析，我们可以了解他们是如何挖掘独特构思的，并从中获得启发。

其次，我们可以关注同行作品中有趣的剧情。剧情是吸引客户的关键要素之一，它可以引发共鸣、激发情感或者带来惊喜。我们可以注意同行作品中的情节发展、角色关系、转折点及情感表达等。从中可以学习他们如何构建引人入胜的故事，并尝试将类似的技巧应用到自己的创作中。

另外，同行作品中的有力表达也是可以借鉴的地方，包括文字的表达、声音的运用、画面的构图及色彩的运用等。我们可以留意同行作品中使用了哪些表现手法和艺术元素来增强作品的感染力和表现力。通过学习他们的技巧和方法，可以激发自己的创作灵感，并在表达上更加准确和有力。然而，寻找创作灵感并不等同于简单的复制。我们应该将这些灵感与自己的个性和创意相结合，创造出独特而有吸引力的作品。我们可以对同行作品进行改编和创新，加入自己的观点、情感和风格，使作品具有个人独特的魅力。

总之，寻找创作灵感需要保持开放的心态和观察力。在寻找灵感的过程中，我们需要持续学习和探索，以丰富自己的创作技巧和开阔视野。

2. 建立灵感收集系统

一个有效的方法是建立一个灵感收集的系统。我们可以使用手机中的备忘录，或者直接在抖音里创建一个灵感笔记本收藏这些内容，将自己喜欢的同行作品保存下来，并在需要时进行翻阅和参考。这样可以帮助我们时刻保持灵感的来源，并且可以在需要时获得灵感的启发。

此外，我们还可以积极参加行业内的讨论和交流，报名一些课程，进一些社群、行业的微信群，参加行业的相关活动，与其他创作者进行互动，分享创作经验和观点。这样可以开阔视野，了解行业的最新趋势和创新点，从中获得启发和创作灵感。

除了在同行作品中寻找灵感，我们还可以从其他领域汲取灵感。比如关注艺术、设计、文学、电影等领域的作品，观察其创作手法和表现方式。这样的跨界学习可以为我们带来新鲜的思维和观点，为创作提供不同的视角和灵感源泉。

在模仿同行作品时，还要注意保持尊重原创和知识产权的原则。尽管我们可以从同行作品中获取灵感和启发，但不应抄袭或侵犯他人的创作权益。抖音有非常健全的查重机制，相同的内容会被平台监测到并且限流。所以，我们应该通过微创新和个性化的方式将灵感转化为自己的作品，展现出独特的创意和风格。

更重要的是，我们要坚持不断地学习和改进。创作是一个持续的过程，我们需要不断提升自己的技能和品质。通过观察和分析数据，了解客户的反馈和喜好，进行 A/B 测试，比较不同版本的描述和素材对销售转化率的影响。通过这样的实践和反馈，我们可以不断优化和改进商品描述和图文素材，提高创作的质量和效果。

总之，模仿同行作品并不是简单的复制，而是通过观察、学习和创新，将灵感与个性相融合，创造出独特而有吸引力的作品。寻找创作灵感是一个持续的过程，需要保持好奇心和探索的心态，并与其他创作者和行业趋势保持联系。通过寻找独特构思、关注剧情发展、探索有力表达等，可以从同行作品中获取灵感，并将其应用于自己的创作中。

举个例子，假设您是美妆博主，在关注同行作品时，您可以学习同行的独特构思、有趣的剧情和有力的表达方式。如果您注意到同行视频中使用了一种特殊的化妆技巧，效果非常惊艳。您可以借鉴这个技巧，并将其应用到自己的创作中。在视频中，您可以展示该化妆技巧的步骤和效果，并加入自己的解释和个性化的呈现方式。您可以通过调整镜头、加入自己的评论和声音效果，以及使用不同的编辑技巧来展示。这样，您既保留了同行作品的灵感和创意，又加入了自己的观点和风格，使作品更具个性化。

3. 关注热门趋势和挑战

关注热门趋势和挑战是在抖音平台撰写优质商品描述和图文素材时非常重要的一点。抖音平台经常涌现出各种引人注目的热门话题和挑战活动，这些话题和挑战能够吸引大量客户的注意力和参与。因此，借鉴同行在这些话题上的创作方式和创意是有益的。

首先，关注热门趋势和挑战可以帮助我们把握市场动态和客户兴趣。抖音平台上的热门话题和挑战通常是与时下流行的事件、潮流或社会热点相关的，它们引发了广泛的讨论和参与。通过关注这些话题和挑战，我们可以了解当前客户的关注点和兴趣领域，从而更好地定位和满足他们的需求。这有助于我们在商品描述和图文素材中选择合适的内容和语言，使其更具吸引力和相关性。

其次，观察同行在热门话题和挑战上的创作方式和创意，获得灵感和借鉴。同行们往往在这些话题和挑战上积极参与和创作，他们可能已经找到了一些成功的方法和策略。通过观察他们的作品，可以了解他们是如何利用热门话题和挑战来吸引客户注意、创造互动和传达信息的，然后结合自己的创意和风格，尝试在相同的话题和挑战上进行创作，并添加自己的独特元素。这样可以帮助我们在激烈的竞争中脱颖而出，吸引更多的客户关注和参与。

此外，关注热门趋势和挑战还可以增强与客户之间的互动和参与度。抖音平台上的热门话题和挑战往往引发了广泛的客户参与和讨论，客户会在评论、点赞和分享中表达他们的看法和体验。作为一个电商卖家，我们可以积极参与这些讨论，积极回复客户的评论并与他们互动，这有助于建立良好的客户关系和增强客户对商品的信任感。同时，还可以借助热门话题和挑战与客户互动，提高作品的曝光和影响力。在热门话题和挑战中创作内容时，我们的作品更容易被客户发现和分享，因为这些话题和挑战已经引起了客户的关注和参与。客户会更愿意与我们互动、评论和分享我们的内容，从而扩大了我们的影响力和品牌知名度。这种互动和参与可以帮助我们建立一个活跃的粉丝群体，并吸引更多的潜在客户关注店铺和商品。

4. 充分利用热门趋势和挑战

在撰写商品描述和图文素材时要充分利用热门趋势和挑战，可以采取以下步骤：

（1）持续关注抖音平台上的热门话题和挑战。定期浏览抖音的热门页面、相关话题标签和挑战活动，了解当前的热点和趋势。

（2）尝试参与热门挑战并与客户互动。选择适合我们的商品和品牌的热门挑战，制作有创意且与挑战相关的内容。积极回复客户的评论，与他们建立连接和互动。

（3）分析数据并持续优化。通过观察和分析数据，了解我们在热门话题和挑战上的关注转化率、互动率和客户反馈。根据数据反馈，不断优化和改进我们的商品描述和图文素材。

举个例子，假设您经营一家健康食品的电商店铺。您可以关注与健康饮食、减肥、健身等话题相关的热门挑战，比如瘦身食谱挑战或者健康早餐挑战。观察同行在这些挑战上的创作方式，他们可能分享一些低卡食谱、健康饮品的制作方法，或者展示他们在健身过程中的成果和进展。您可以从他们的创作中获取灵感，并结合店铺的特色和产品，创作出符合挑战主题的独特内容。您可以制作一个短视频展示一款低糖、高蛋白的健康零食的制作过程，同时分享其营养价值和适合健身者食用的特点。在视频描述中，提供详细的产品介绍和购买链接，引导客户前往您的店铺进行购买。此外，您还可以鼓励客户在评论中分享他们的健康食谱或者健身心得，与他们进行互动。

5. 需要注意的事项

在撰写商品描述和图文素材时，要注意以下几点：

（1）简洁明了。注意用简洁的语言描述商品的特点、优势和用途。避免过多的修饰词汇，让客户能够迅速了解商品的核心信息。

（2）强调商品价值。突出商品的独特价值和对客户的好处。比如强调产品的高品质、原料来源、功能特性等，让客户感受到购买该商品的价值。

（3）吸引人的标题。在商品描述和图文素材的标题中使用吸引人的词汇和短语，吸引客户点击进一步了解商品。

（4）添加多媒体素材。除了文字描述，可以添加高质量的图片和视频素材，展示商品的外观、用途和效果。多媒体素材可以更直观地传达商品的特点，增强客户对商品的信任感。

（5）引用客户评价和推荐。如果有客户对商品进行了正面评价或推荐，可以在商品描述中引用这些内容。客户的真实反馈，可以增强其他客户对商品的信任和购买意愿。

（6）指导购买行为。在商品描述和图文素材中提供清晰的购买指引，比如价格、优惠、购买链接等，帮助客户更方便地完成购买行为。

（7）A/B 测试和数据分析。进行 A/B 测试，比较不同版本的商品描述和图文素材对销售转化率的影响。通过数据分析，了解哪些描述和素材的效果更好，不断优化和改进。

6. 提升技术和编辑能力

除了拥有创意和内容，还需要具备一定的专业技能和编辑能力，使其创作更具质感和吸引力。

首先，学习同行的技巧和经验。观察和研究同行的成功创作，学习他们在拍摄、剪辑、特效处理等方面的技巧和技术手法。可以通过观看他们的视频教程、参加培训课程或者加入相关社群，与他们交流和学习，从中获得灵感和启发，将这些技巧应用到自己的作品中。

其次，提升自己的视频制作水平。学习基本的拍摄技巧必不可少，如何稳定镜头，确保拍摄画面平稳流畅，避免晃动和模糊。掌握合理的构图技巧，以及如何运用光线控制来创造出更好的视觉效果。这些拍摄技巧可以帮助您提高视频的质量，使之更具专业感和吸引力。

此外，掌握视频编辑软件工具也是重要的学习内容，如剪映、Adobe Premiere 和 Final Cut Pro① 等，可以让我们更好地处理和编辑素材。掌握基本的剪辑技巧，如剪切、合并、调整音频等，以取得您想要的效果。学习如何运用特效和过渡效果，为我们的视频增添创意和视觉冲击力。这些工具和技巧的掌握，将帮助我们提升创作的表现力和吸引力。

---

① Adobe Premiere 和 Final Cut Pro 都是编辑画面质量比较好的软件，有较好的兼容性，且可以与 Adobe 公司推出的其他软件相互协作。

除了学习和提升技术能力，我们还可以通过积极参与创作和不断实践来提高自己的编辑能力。尝试不同的拍摄场景和风格，探索不同的创作方式和角度。挑战自己，不断尝试新的技术和效果，发掘属于自己的独特风格。同时，接受来自他人的反馈和建议，并将其应用于下一次的创作。通过持续地练习和实践，将逐渐提升自己的技术和编辑能力。

总之，提升技术和编辑能力对于模仿同行内容进行创作至关重要。通过学习同行的技巧和经验，提升自己的视频制作水平，掌握基本的拍摄技巧、合理的构图和光线控制，以及使用视频编辑软件和特效工具，可以使我们的创作更加专业、精彩和有吸引力。不断实践和尝试新的创作方式，接受来自他人的反馈和建议，并持续改进自己的技术和编辑能力，将帮助我们不断提升创作水平，打造出优质的商品描述和图文素材。

4.1.4 直播带货

下面讲述直播带货的基础流程、技巧和方法。一场以带货为目的的直播，可以理解为一个人，或者一个团队在一个闹市区摆摊，前期需要运用各种手段吸引人驻足围观，当围观的人足够多的时候，再开始销售产品，等到观众渐渐散去，就需要继续运用技巧留住观众。标准的 SOP 流程顺序分为聚人、留客、锁客、举证、说服、促单和引导下单 7 个阶段。

1. 聚人

这个阶段的主要目的是吸引眼球，不讲具体的产品。主要做好两件事：一是各种欢迎互动，拉近与客户的距离；二是包装渲染产品的产地、历史、口碑、销售等。比如，东方甄选直播间通过“文化带货”模式，既不强行推销商品，又让观众在沉浸式氛围中感受产品的文化底蕴。

下面介绍直播间聚人的基本方法和技巧：

（1）制订吸引人的开场计划。在直播开始前，可以设计一个引人入胜的开场白，或者展示一些引人注目的事物，以吸引观众（客户）的注意力。比如可以展示一些有趣的道具、奇特的背景或者制作一个引人入胜的开场视频，让客户对直播产生好奇心。

（2）创造互动氛围。在直播过程中，可以通过提问、邀请观众留言、回答观众的问题等方式，与观众建立联系，拉近与他们的距离。回复观众的留言、称呼观众的名字等个性化的互动方式，可以让观众感受到被关注和重视，增强他们的参与度和黏性。

（3）邀请特邀嘉宾。邀请一些知名或有影响力的特邀嘉宾参与直播，可以吸引更多的观众。这些嘉宾可以是行业专家、名人或意见领袖，他们的参与可以为直播增强权威性和吸引力。

（4）与其他内容创作者合作。与其他相关领域的内容创作者合作，可以扩大直播间的受众范围和影响力。通过联合直播、互相推荐和合作活动，可以吸引彼此的粉丝和观众，共同创造更大的聚人效应。

（5）创造新鲜感和惊喜。直播间中的内容要让观众不断期待下一个环节。可以通过提供独家的促销活动、限时优惠、赠品等特殊福利，吸引观众的关注和参与。此外，可以在直播中揭示一些意想不到的信息、分享一些幕后花絮，或者展示一些特别的场景，给观众带来惊喜和愉悦的体验。

（6）展示产品的背景和故事。在直播中除了展示产品本身，还可以包装渲染产品的产地、历史、口碑、销售等，分享产品的独特之处、创造产品的背后故事，以及产品在市场上的成功案例。比如可以介绍产品已经畅销 ×× 年的历史，强调其产品的普及度，以引发观众的好奇心和兴趣。

（7）主题化直播。将直播内容与特定的主题相关联，比如节日活动、时事热点或者特定主题的讨论等。这样的主题化直播能够吸引对该主题感兴趣的观众，并增强直播的热度和讨论度。

（8）制作精彩的直播内容。直播间聚人的关键在于提供有价值、有趣和精彩的内容。

（9）利用视觉和音效效果。直播间的视觉和音效效果对于吸引观众的眼球和引起好奇心起着重要的作用。可以通过使用吸引人的背景布置、独特的道具或装饰品，营造出与众不同的氛围。同时，合理运用音效、音乐和声音的变化，增强观众的观看体验，引起他们的兴趣和好奇心。

（10）提供独家特权和限时优惠。在直播间中，可以提供独家的特权和限时优惠，激发观众的购买欲望。比如可以提供仅限直播间客户的优惠码、折扣或者赠品，让观众感受到独特的价值和受到特殊的待遇。这样可以增加观众的参与度和购买意愿，同时增加直播间的人气和粉丝数量。

（11）建立社群氛围。除了直播间内部的互动外，还可以在其他社交媒体平台上创建专属的社群，与观众保持更紧密的联系。社群可以提供一个交流、分享和互助的平台，让观众感受到更多的参与和归属感。

（12）多平台宣传和分享。为了扩大直播间的影响力和观众数量，可以在不同的平台进行宣传和分享。通过在短视频、粉丝群、微信群等渠道发布预告、互动话题或者吸引人的内容片段，吸引更多客户前来参与直播。同时，鼓励观众分享直播链接和内容，以扩大影响力并吸引更多的潜在观众。

（13）持续推广和营销。在直播间之外，积极进行推广和营销活动，比如社交媒体宣传、广告投放、合作推广等，以吸引更多的观众前来参与直播。利用各种渠道扩大直播的影响力和知名度，提高曝光率和转化率。

（14）持续改进和反馈收集。在直播过程中，及时收集观众的反馈和意见，以不断改进直播内容和形式。观众的反馈是宝贵的资源，可以帮助我们了解观众的需求和偏好，从而提供更符合他们期望的直播体验。同时，不断进行数据分析，关注观众参与度、观看时长、互动次数等指标，以评估直播的效果并做出相应的调整和优化。

2. 留客

这个阶段需要宣布促销利好政策，包括抽大奖、抽大红包、限量 9.9 元秒杀、送限量口红、大让利或折扣，并号召客户互动刷屏，留住客户。

在直播间吸引和留住观众的过程中，采取一些聚人的方法和技巧是非常必要的。下面介绍直播间留客的方法和技巧：

（1）宣布促销利好政策。在直播开始前或直播过程中，宣布一些吸引人的促销利好政策，比如抽大奖、抽大红包、限量 9.9 元秒杀、送限量口红、大让利或折扣等。这些优惠政策能够引起观众的兴趣，让他们有动力留在直播间。

（2）创造互动氛围。直播间的互动是吸引观众的重要因素之一。通过提问观众、邀请他们参与讨论、回答他们的问题等方式，创造一个积极互动的氛围。观众喜欢参与其中，与主播和其他观众互动交流，这样能够增加他们留在直播间的时间。

（3）提供独特的内容和价值。为了吸引观众，直播间应该提供独特且有价值的内容，包括分享专业知识、展示产品的特点和使用方法、提供实用的购物建议等。确保内容有吸引力和可分享性，让观众在直播间能够获得独特的信息和体验。

（4）利用直播工具和特效。直播平台提供了各种工具和特效，比如弹幕、滤镜、虚拟礼物等。主播可以巧妙地运用这些工具和特效，增强直播的趣味性和互动性。观众可以发送弹幕表达自己的看法和情感，赠送虚拟礼物来支持主播，这些互动能够吸引更多观众的参与。

（5）与观众建立情感连接。主播与观众之间建立情感连接是留住客户的关键因素之一。主播可以通过真诚、友好和亲近的态度来与观众建立情感联系。回应观众的留言、评论和提问，称呼观众的昵称，分享自己的故事和经历，都可以让观众感受到被重视和关心，从而增强他们留在直播间的意愿。

（6）提供独家福利和限定权益。为了吸引观众并增加他们留在直播间的时间，可以提供一些独家福利和限定权益，包括直播间专属的优惠码、会员特权、预售权利等。观众会觉得在直播间获得了特殊待遇和权益，因此更愿意留在直播间享受这些独家福利。

（7）保持直播的流畅和有趣。直播过程中，保持流畅和有趣是非常关键的。主播应该具备良好的主持能力，讲述故事或介绍产品时要生动有趣。避免过长的沉闷时间，可以通过音乐、视频、小游戏等方式增强趣味性。保持直播的节奏和动感，能够吸引观众的兴趣和增加留在直播间的时间。

（8）分析观众反馈和数据。通过观众的留言、评论和观看数据，了解他们的需求和偏好。根据这些反馈和数据，优化直播内容、互动方式和促销策略，以更好地满足观众的期待。

在直播行业，吸引观众和留住他们是关键的成功因素。通过采取上述方法和技巧，主播可以提升直播的吸引力、留住观众，并聚集更多的人气。但需要注意的是，这些方法和技巧并非单一应用，需要根据自己的直播主题和目标客户群体进行调整和优化。此外，建立信任和稳定的关系是长期吸引客户和留住他们的关键。主播应该保持诚实、透明和真实，遵守承诺，并与观众建立信任。只有在观众感到被尊重和关心的时候，才能建立稳定的关系，吸引他们长期参与和支持。请记住聚人和留住观众是一个持续不断的过程。主播需要保持对自身创作能力和表达方式的不断提高，并不断关注观众的反馈和需求。通过持续努力和改进，不断优化直播内容和互动方式，才能够在竞争激烈的直播行业中脱颖而出，吸引更多观众的关注和认可。

3. 锁客

提前规划好产品使用场景，直播过程中以提问的方式与观众互动，让观众说出产品使用痛点，而不是把说明书的功能都说一遍。主播口头阐述产品的卖点、使用感受、精华成分和与其他渠道对比的价格优势等，让观众感觉用得上，可以买。当需要谈价格优势，展示打折力度大的时候，小助理会拿出计算器；当谈到产品是与某明星同款，小助理会拿出准备好的大幅照片。现场试用产品，分享使用体验与效果，验证产品功能。双管齐下，激发观众的使用需求和购买欲望。

直播间聚人是一种有效的销售和推广方式，通过巧妙运用一些方法和技巧，可以吸引更多的观众参与直播，并激发他们的购买欲望。下面介绍直播间锁客的方法和技巧：

（1）提前规划好产品使用场景。在直播开始之前，提前规划好产品的使用场景。确保场景与产品相关，能够吸引观众的兴趣。如果您销售健身器材，可以展示一个精心设计的健身房环境，或者实际演示如何在家中进行有效的健身训练。提前规划好使用场景，可以为直播增强真实感和吸引力。

（2）以提问的方式与观众互动。在直播过程中，与观众进行互动是非常重要的。通过提问观众的方式，引导他们参与讨论和表达自己的意见，比如可以询问观众是否有类似的使用痛点，让他们分享自己的经历和需求。这种互动可以建立起与观众的连接，让他们感到自己的声音被听到，从而增强他们对产品的兴趣和参与度。

（3）口头阐述产品的卖点和优势。在直播中，主播可以口头阐述产品的卖点、使用感受、成分等重要信息。通过生动的描述和言辞，让观众能够感受到产品的独特之处和优势。比如可以使用形象生动的比喻或故事，将产品的优点形象地展示给观众，让他们产生共鸣和认同感。

（4）展示价格优势和特别款式。当需要谈论产品的价格优势时，可以事先准备好计算器，并在直播中展示打折力度大的情况。通过数字的直观呈现，让观众清楚地了解到他们可以获得的实际优惠。此外，如果产品为明星同款，在取得肖像授权的前提下，可在直播中展示经授权的明星大幅照片，并配以相关的描述和解释，这样的展示可以增强产品的独特性和吸引力。

（5）现场试用产品，分享使用体验和效果。为了验证产品的功能和效果，可以在直播中现场试用产品，并分享使用体验和效果。通过直播展示产品的实际效果，让观众亲眼目睹产品的优势和价值。此外，还可以邀请一些观众参与直播，让他们分享使用产品的体验和效果。这样的现场证明可以增强客户对产品的信任和购买欲望，因为他们能够看到其他人对产品的认可和满意度。

（6）创造紧迫感和限时优惠。在直播中，可以创造一定的紧迫感和限时优惠，以促使观众立即行动。比如可以设定在一段时间内的特定数量产品的特别折扣或限量优惠，鼓励观众在直播结束前购买产品。

4. 举证

现场试用产品，分享使用体验与效果，验证产品功能。双管齐下，激发观众的使用需求和购买欲望。直播间已成为许多电商平台吸引客户和促成交易的重要渠道之一。为了吸引更多客户并提高购买欲望，可以在直播间中聚集人气和增加客户的信任感。下面介绍直播间举证的方法和技巧：

（1）提供产品试用和分享使用体验。直播间可以成为展示产品功能和效果的舞台。通过现场试用产品，分享自己的使用体验和效果，可以直观地展示产品的优势和价值。客户能够亲眼见证产品的效果，并获得真实的反馈和评价，从而增强他们对产品的信任感和购买欲望。

（2）强调产品的独特卖点和优势。在直播过程中，重点突出产品的独特卖点和优势，让客户明确了解产品相比竞争对手的差异化。这可以通过详细的介绍、演示和对比展示来实现。强调产品的特色和优势，激发客户的兴趣和购买欲望。

（3）与观众互动和回答问题。直播间是一个与客户互动的平台。在直播过程中，主持人可以与观众进行实时互动，回答他们的问题。这种互动可以建立起与客户的沟通和信任关系，增强客户对产品的兴趣和信心。

（4）制定吸引人的互动环节。在直播间中，设计一些吸引人的互动环节，如抽奖、答题、互动游戏等，增强观众的参与度和黏性。这样的互动环节可以增强直播间的趣味性和吸引力，激发观众的参与欲望，并为观众提供额外的价值和奖励。

（5）展示专业知识和信誉。作为主持人或推销员，在直播过程中展示自己的专业知识和信誉，可以增强观众对我们的信任和认可。通过分享行业内的最新资讯、提供专业建议和解答观众的问题，展示自己的专业能力，使观众相信我们的判断和推荐。

（6）利用嘉宾合作和合作伙伴资源。邀请相关领域的嘉宾参与直播，可以为直播带来新的话题和亮点。嘉宾可以分享自己的经验和见解，与主持人共同探讨产品的特点和优势，增强直播的专业性和可信度。此外，与合作伙伴合作也是一个有效的方式，如与品牌合作推出限时优惠或赠品活动，或者与行业内的知名人士合作进行联合推广，借助他们的影响力和粉丝基础来吸引更多的观众。

以上聚人、留客、锁客、举证四个环节可以统称为憋单环节，需要不断地重复使用，以达到吊足客户胃口的目的。当直播间达到一定规模，在线人数达到一个高峰的时候，可以想象成大坝的泄洪，将之前积累的客户购买欲统统释放出来，进入后两个环节。

5. 说服

关键时刻来了，前面都是铺垫。主播说服要从产品的功效、价位、成分、包装设计、促销力度和现场使用结果等与竞品对比，进一步帮客户排除选择。

下面介绍直播间说服的方法和技巧：

（1）吊足客户的胃口。此时正式宣布价格，让客户感觉物超所值。

（2）再次强调促销政策。其中包括限时折扣、前 ×× 名下单送等价礼品、现金返还、随机免单、抽奖免单等促销活动，让客户热情达到高潮，催促客户集中下单。

直播带货本质是一种融合娱乐属性的零售，需要营造购物氛围。比如当直播间在线人数达 5 000 人时，主播可宣布："我们今天给前 600 名下单客户提供等价礼品，倒数 5 个数，5（助理实时核对库存和下单数据，同时播报剩余库存，"还剩 200 单"）、4（助理："还剩 100 单"）、3（助理："没了没了"）……"——这就是"秒杀"，它是货架电商能有效调动狂欢气氛的常用促销工具。

这里有一条经验准则，如果客户买到的东西超出他的心理预期，这个生意才能做得长久。

6. 促单

促单也叫"逼单"，并非"强行推销"，而是将产品背后客户看不到的情况展示出来，让客户觉得"现在必须买"。

有经验的主播通常会通过三个办法促成客户下单：

（1）用真实数据营造紧迫感。在直播间实时播报成交订单和库存变化，比如告诉客户"当前已经抢购了 ×× 个，库存只剩最后 ×× 个"，让客户觉得再不下单就真的错过了。

（2）从真实场景展示产品价值。主播不仅要展示产品的专业认证，还要描绘具体的使用场景，比如"出差时用这个充电宝，手机和电脑都能同时充电"。更重要的是，主播要帮客户畅想拥有产品后的美好画面，比如"涂上这支口红，您就是年会上的焦点"。

（3）一些促单小技巧。比如买套装送赠品："单独买精华液要 ×× 元，今天买套装直接送 ×× 元的面霜"，或者强调专属权益："现在下单能享受三年质保，直播结束后就恢复常规服务了"。

在直播间里，主播需要扮演产品体验官、客户代言人、品牌共建者三重角色，通过专业的内容输出与客户建立信任纽带，一旦建立了这种稳固信任，客户自然会跟随消费，甚至形成可持续的复购。光靠低价取胜不是本事，客户为什么愿意在直播间下单：一是实实在在的经济利益，这是供应链优势带来的性价比；二是通过描绘美好场景创造的情绪价值。

其实，整个直播过程就像大坝蓄水、放水。前期从聚人到举证四个阶段可以理解为憋单，主播会通过发福利、讲干货等方式吸引观众，把观众留在直播间，等到了"逼单"环节，主播再根据实时情况调整策略，促成交易。

7. 引导下单

在一些人气火爆的直播间里，主播和助理会配合默契。比如卖美妆产品时，主播会举着产品说："姐妹们注意看，先点这个粉红色按钮领 40 元券，然后拍三件自动打六折，系统算下来 128 元能带走六支正装！"这时候助理会拿手机一步步演示：从怎么找优惠券入口，到下单时数量选 3，再到付款页面核对价格，每个步骤都掰开揉碎了讲。这样做的作用有两个：一是引导下单；二是排除下单过程中客户不熟悉操作的隐患。

引导下单，是当客户对产品没有太大抗拒的时候，有经验的销售会适时地做一个动作，起到"推一把"的作用，促使客户完成最后购买的一步。直播间观众上到六十岁阿姨下到十几岁学生，总有人搞不清优惠券怎么用。要是放任不管，按一场直播 10 万观众算，哪怕 3% 的人卡在操作环节，客服团队得额外接 3 000 个咨询电话。当面对上百万人，一晚上可能上千万甚至数千万的销售额的时候，哪怕只有 1% 的人不熟悉操作而下单失败，带来的损失都是数十万元。

4.2 达人矩阵

达人矩阵是在达人合作的过程中应用达人的优化思路，根据流量获取能力转化率，进行合作效果分析，支持商家生意扩张，帮助一定规模的商家提升销量，抖音电商在杭州已经落地了直播电商基地。

我们与任何人合作，首先要知道达人[①]的诉求，要对合作方有清晰的洞察。达人的诉求无非以下几点：

（1）优先选择容易产生销量的产品。容易产生销量的产品有这么几个表征：一是销量高；二是口碑好；三是短视频更容易制作，直播互动方式简单。

（2）能赚更多钱的产品。这个就要看谁的佣金比例更高。

（3）更优质的商家，沟通成本低。

我们做一个假设：如果您是厂家，您可能提供更高的佣金空间，但这需确保合理利润，避免过度挤压自身收益；如果您是公司主体自营店铺，产品可能接受更严格监管，但质量问题仍可能发生，并影响达人与其粉丝的信任关系，因此合作前应评估产品可靠性。达人本身通过内容创作和粉丝互动赋能品牌，在挑选合作达人时，我们就可以依照这几个维度，通过以下方法拓展达人渠道。

4.2.1 精选联盟

精选联盟是抖音电商旗下连接抖店供应端（商家）与流量端（推广者）的 CPS（每单位销售成本）交易营销系统，可为抖店商家提供商品推广、达人撮合等营销推广能力，也为达人提供招商选品等商业变现能力。平台致力于打造行业前沿的人

① 这里的达人是指在抖音平台上拥有众多粉丝和一定影响力的客户。

货撮合商业生态。委托达人进行推广，当订单成交的时候，系统会自动结算佣金给到达人。

1. 如何设置佣金

佣金的设置可以参考抖音选品中心的数据，主要遵循以下三个核心点：

（1）高于同行的佣金比例。仍以纸巾盒为例，我们看到在综合推荐里有很多同行，这里的佣金比例大部分是 10% ~ 20%，然后看一下我们的定价和采购成本，是不是能给到达人更高的佣金。

（2）高于同行的净赚。有些达人并不会关注佣金比例，更多看净赚多少，因为净赚高有时意味着客单价更高，客单价更高表示客户消费能力比较高，客群更优质，优质的客群差评率就会更低，达人更愿意吸引有更高消费能力的粉丝。如果我们的销量比较高，说明转化率也比较好，就可以考虑调高客单价和净赚的金额。而阶梯佣金，预留一部分给达人。

举个例子，这款产品我们公开设置的佣金是 21%，在跟达人合作时可以告诉他们，月销 1 000 单可以调高到 25%，2 000 单调高到 30%，并且跟达人微信建联，用发红包的形式进行正向激励。

请注意，在设置佣金时一定要预留一部分利润给销量和转化更好的达人做定向佣金。比如在合作的过程中，我们发现有一两个达人，每月的销量比其他人高很多，即使我们不主动联系他，可能这些达人也会主动联系商家，申请更高的佣金。这时候我们最好用定向佣金的方式给他们调高佣金比例，以留住这些优质的达人带货渠道。同时，设置这样的阶梯佣金也有助于给合作达人一个正向的激励。

（3）优化产品在精选联盟的排名。怎样优化产品在选品中心的排名呢？优化产品在精选联盟的 SEO 排名，如图 4-4 所示。在了解搜索引擎自然排名机制的基础上，对网站进行内部及外部的调整优化，改进网站在搜索引擎中的关键词自然排名，获得更多流量，从而达成网站销售及品牌建设的预期目标。

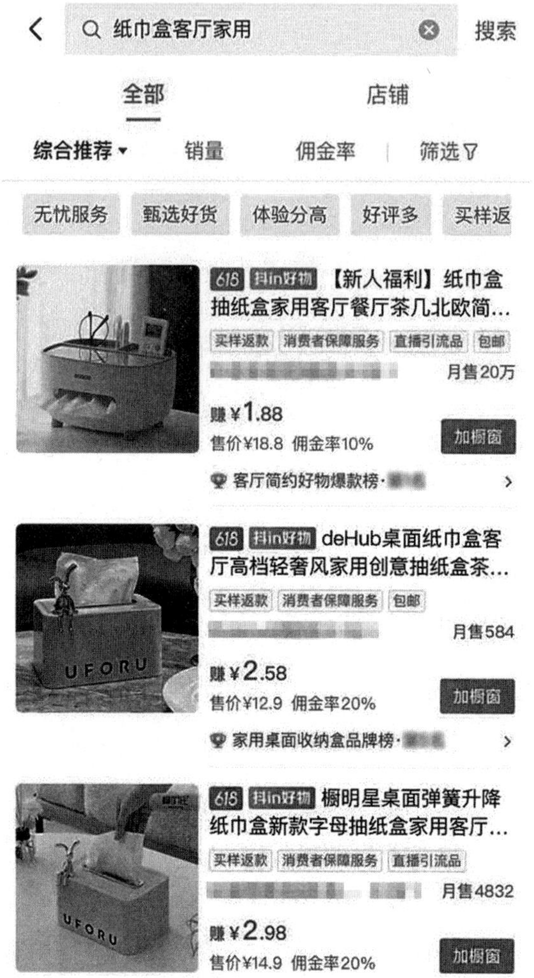

图 4-4　优化产品在选品中心的排名

2. 产品显性维度

（1）无忧服务。无忧服务是平台推广的一个官方服务，由平台提供专业质检、供应链云仓、售后保障，以提升商品品控、物流履约及售后体验的服务。商家如果开通了这个服务可以获得优先的排名支持。当然，这是付费的。

（2）体验分。体验分是反映店铺综合服务能力的重要指标，该指标覆盖了客户购物体验的各环节，可为广大商家提供评估店铺综合能力的数据支持，有助于商家提升客户对店铺服务的认可度，获得更多的平台支持。

（3）好评率。好评率就是商品的好评比例。

（4）买样返款。除了免费申样，商家可以在精选联盟设置允许达人先买样，推广或带货达标后退款。同时，可以与达人进行线上交流、查看样品物流信息、并对达人带货情况进行跟进。买样返款的流程：达人在选品广场选品，可以查看商品是否支持成本买样申请；达人通过成本买样功能可先支付样品的成本价获得样品，拿到样品后积极带货达到商家设置的带货要求后，可返还前置支付的该样品的成本金额；达人发起成本买样申请，需填写申请详情。达人申请成本买样后，可通过选品广场、我的、我的样品、成本买样查看商家发货进度等，商家未发货可申请售后。

（5）定向高佣。当商家需要为指定达人设置区别于其他达人的定向佣金率时，可使用定向佣金。具体流程是：①配置入口：抖店后台、精选联盟 - 计划管理、佣金策略、定向佣金；②商品规则：创建定向佣金需选择已投放为普通商品或专属商品的商品，单次最多可添加 10 款商品；③佣金规则：定向佣金支持 0 佣金的设置，佣金范围 0 ~ 80%。

（6）阶梯高佣。阶梯高佣的目的是提高达人为商品冲量的积极性，商家可以设置阶梯计划佣金，达人完成单量要求后，能够拿到更高的佣金。阶梯计划佣金率优先级仅次于托管计划和团长招商，并且与定向计划佣金率互斥，即针对同一商品，同一位达人只能绑定一个定向或阶梯佣金。阶梯计划佣金创建后立马生效，并且佣金率和生效时间不支持修改，需要合理配置。

（7）安心购。安心购是小店平台整合售前选购、售中履约和售后无忧全链路的特色服务产品，为客户推出的多重服务保障产品。通过将7天无理由退换货、正品保障、运费险、上门取件、极速退款、过敏包退、坏单包赔等服务打包，形成安心购标签，并在多渠道透传。

（8）产品标题。除了这些显性的排名维度，还有隐性的一项，就是产品的标题。这一项无论是在选品中心，还是在商城里都是很重要的一环。这一点在前文中已经有过介绍，这里就不再展开讲了。

除此之外，还有佣金、销量等排序的规则，以及在筛选项里面诸多显性的维度，可以逐一根据自身情况进行优化。

3. 如何挑选达人

抖音的达人广场提供了一整套从搜索达人、建联达人、达人履约的SOP操作流程，如图4-5所示。

图4-5　挑选匹配的达人

1）搜索达人

第一步，打开精选联盟，查看后台，找到达人合作。

第二步，定位直播达人或者短视频达人，如图4-6所示。直播达人以直播带货为主，商家可查看达人近期的直播数据，看播人数、看播中位数等。短视频达人以短视频带货为主，商家可查看达人近期的视频播放量，互动率等数据。

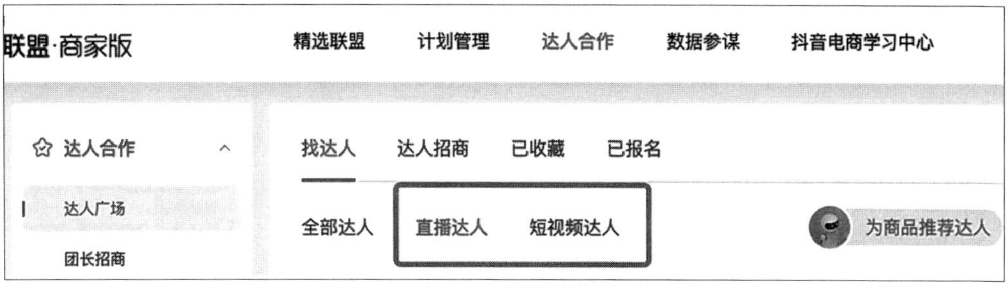

图 4-6　直播达人、短视频达人

第三步，多维度标签筛选匹配达人，达人广场提供多个筛选项，帮助商家基于不同的商品类目、投放需求和客群定位准确找到匹配达人，如图 4-7 所示。

图 4-7　商品类目

第四步，精确寻找到目标合作达人。若商家已经有心仪的合作达人，可以通过搜索直接一步定位到目标达人，查看其带货数据，如图 4-8 所示。

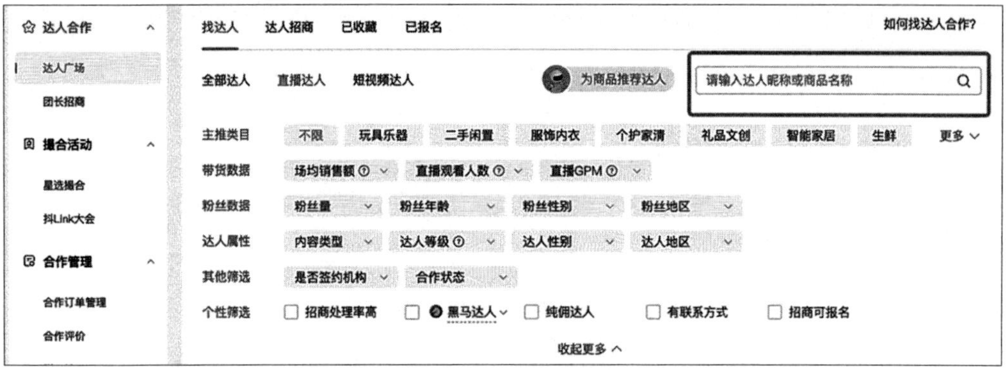

图 4-8　搜索达人

或者直接使用达人智能推荐工具，系统会根据您的店铺产品自动匹配合适的达人，如图 4-9 所示。

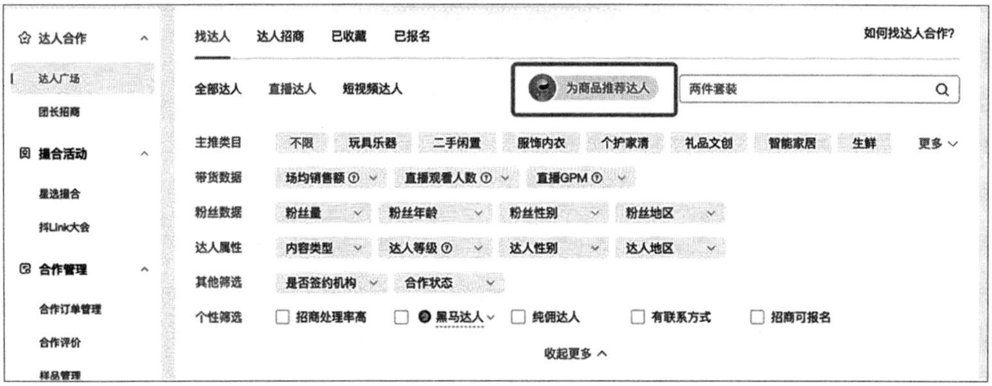

图 4-9　达人智能推荐工具

第五步，筛选达人。筛选 / 搜索到心仪的达人后，商家可以点击进入达人主页查看达人的详细数据，以决策是否合作。进入主页后可通过数据概览、直播详情、视频详情、粉丝分析、带货分析、历史带货评价几个模块查看达人带货力。

（1）数据概览。它包括直播和视频带货数据，重点指标帮商家定位达人近期的历史带货天数、推广商品数、合作店铺数和销售总额，如图 4-10 所示。

图 4-10　数据概览

（2）直播详情。查看直播重点指标和数据趋势，了解达人直播带货的平均表现水平，如图 4-11 所示。

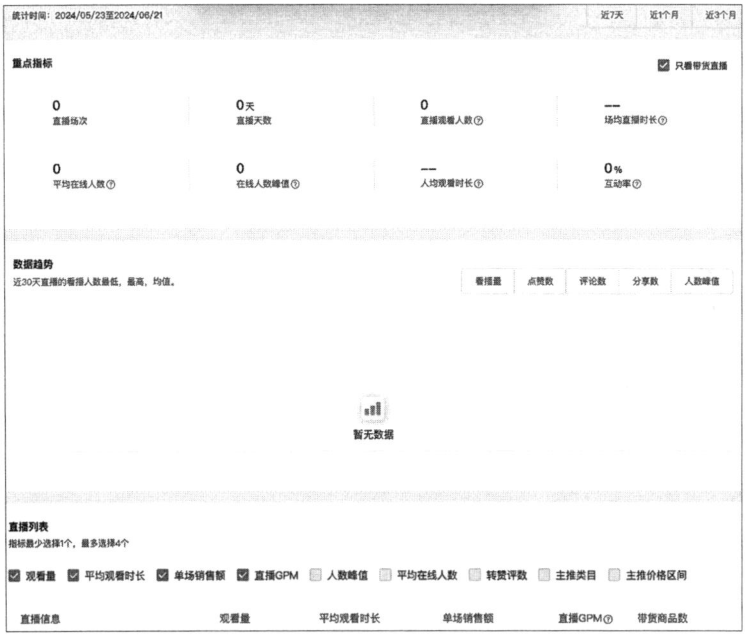

图 4-11　直播详情

（3）视频详情。查看带货短视频的重点指标和数据趋势，了解达人的平均表现水平，如图 4-12 所示。

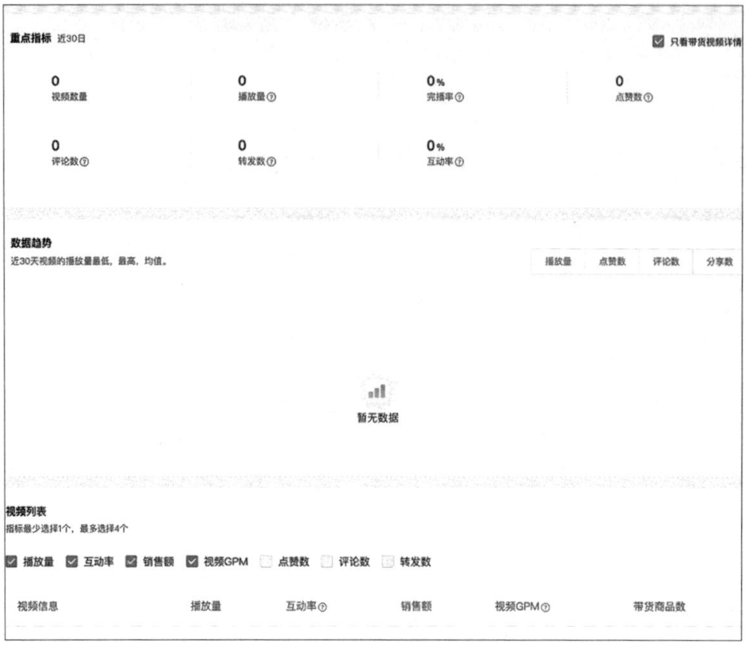

图 4-12 视频详情

（4）粉丝分析。粉丝分析、粉丝趋势，如图 4-13 所示。

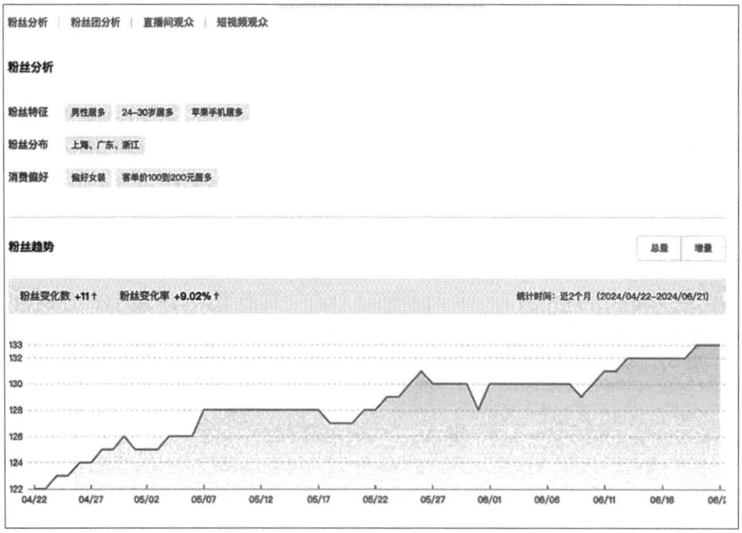

图 4-13 粉丝分析

达人粉丝的性别、年龄、活跃度及设备分布，如图 4-14 所示。

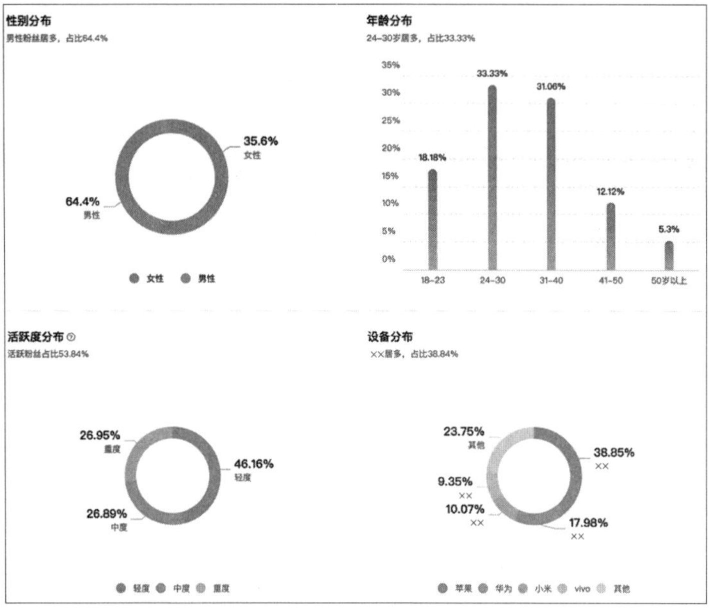

图 4-14　性别、年龄、活跃度及设备分布

（5）带货分析。展示主推类目核心数据和带货商品信息，商家可判断预估达人的销售潜力，如图 4-15 所示。

图 4-15　带货分析

（6）历史带货评价。查看达人历史带货效果、合作履约及沟通态度，如图 4-16 所示。

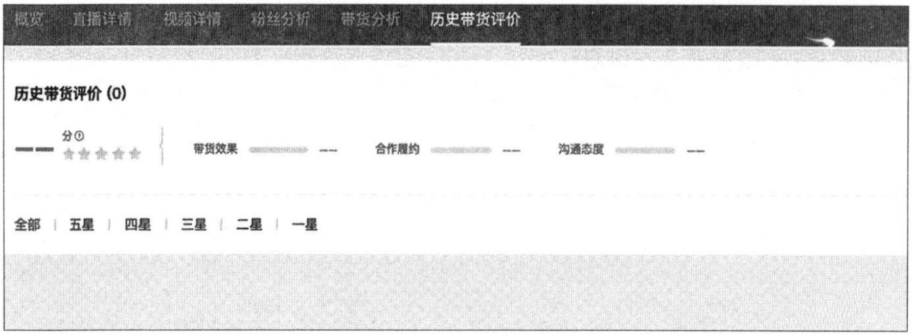

图 4-16　历史带货评价

2）建联达人

（1）建联方式。通过抖音私信、微信、精选联盟、电话进入达人主页。首先，在线沟通合作意向，可点击达人名片下方的在线沟通，通过 im 在线沟通工具在线发送合作意向。然后，查看达人联系方式，线下联系。如果达人已授权在主页透出联系方式，商家还可以直接通过飞书、微信、电话等联系达人沟通合作。

（2）建联沟通方式。与达人沟通主要集中在满足达人的需求层面。比如作为源头供应链企业，能提供市场底价优势、高于行业基准的佣金分成比例，以及日发万单的产能需求（确保达人无须担忧发货时效问题）。部分商家还会提前制作标准化素材包，主播只需根据模板进行二次创作即可，极大地提高了达人内容产出的效率。

大部分达人并不关心产品的亮点，或者说在建联之前并不关心，更关心的是与商家合作可以得到什么好处。至于产品怎么介绍、直播要突出哪些卖点，这些细节等双方谈得差不多了再给也不迟。在沟通中，一定要突出自己的优势，最后别忘了留下联系方式，方便对方随时找到你。

（3）建联技巧。与达人建联需要准备两个重要的文档，帮助达人为自己的店铺和产品做内容。这两份文档就是手卡和货盘。

手卡是指每个产品的详细信息，包括产品的名称、品牌、定价、佣金的比例、产品的亮点、达人在宣传时应该着重强调的点。达人会根据商家提供的亮点，再加上自己的发挥进行内容创作，做直播话术的撰写。

货盘是指店铺里支持达人带货的产品列表，包括产品名称、图片、链接、定价、佣金比例等信息，供达人挑选自己愿意与之合作的产品。

3）达人履单

达人广场支持商家对达人在线发起直播合作订单，约定合作商品、合作形式，以及合作权益，达人确认后生成合作订单。合作订单集中在合作订单管理菜单中，支持查看订单合作效果，管理多个达人的合作进展及履约情况。

4.2.2　整体合作流程

与达人整体合作流程：商家发起合作订单→达人接单→达人履约交付→商家验收，如图 4-17 所示。若合作存在异议，可通过投诉申诉流程进行校验确认。

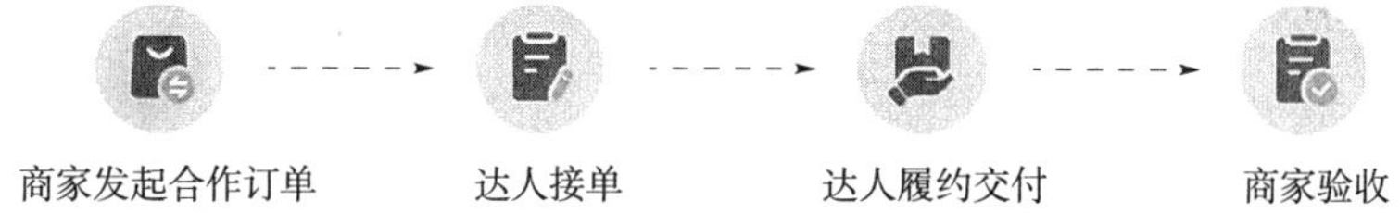

图 4-17　整体合作流程

1. 商家发起合作订单

1）创建入口

当商家在达人广场找到合适的合作达人，进入达人主页查看完达人具体信息。确认要合作时，通过点击头像下方的发起合作订单进入合作订单创建页面。

合作订单适用于商家与达人已经明确合作商品与机制的情况，若您尚未与达人建联，可先向他发送合作邀约先行沟通，确认细节后再发起。合作订单功能全新升级，支持在线支付达人服务费，包括一口价服务费和等比例服务费。

（1）一口价服务费。无论达人带货效果如何，服务费都要全额支付给达人（未达预期商家可申请补播）。

（2）等比例服务费。依据达人带货完成度，等比例支付服务费。例如，商达约定带货GMV为50万元，服务费1万元；达人实际带货10万元，则商家仅需支付20%服务费2 000元。

2）创建流程

在创建订单过程中，首先输入明确的达人百应ID[①]，通过达人工作台右上方信息获取。然后点击下一步进入订单配置页面，商家可以配置合作商品、合作模式和合作条款三部分。

（1）合作商品。通过添加商品增加店铺内已符合标准的推广商品，并且可以约定相关商品单独的佣金分配比例（必填），合作期间售卖的专属价格（必填），以及分配给合作的商品库存数（选填）。

商家请注意：此处配置的佣金、价格、库存仅作为约定信息，不会自动生成专属价、定向计划等。实际需向合作达人自行配置专属价、定向计划等方案确保价格生效。

（2）合作模式。可选择纯佣、等比例服务费和一口价服务费。当合作模式选择了等比例服务费或一口价服务费时，商家在发起订单前，需要勾选页面下方的《商达合作服务费协议》，可点击协议查看详情。

商家请注意：需先开通服务费账户，才可选择服务费合作模式。

（3）合作条款。直播合作方式（必填）可以是直播混场或直播专场。针对具体合作形式，录入已经沟通确认合作细项，如预期结算金额（必填）、开播时间（必填）、单品介绍时长（选填）、是否要联动进行广告投入（选填）等。

① 百应ID是指客户在注册无量百应账号时所起的店铺名字。

完成整体配置后点击发起订单，订单会同步给达人进行接单。通过点击去管理可以跳转至合作订单管理界面了解订单进展，也可通过精选联盟商家端后台→达人合作→合作管理→合作订单管理进入，进行进展查看。具体订单管理中，分为待接单、待开播、待交付、待验收、待服务费结算、商家验收通过等，表达合作订单进展。

2. 达人接单

当达人收到合作订单时，了解整体合作信息后达人可选择去接单或拒绝。为了确保合作信息发放的有效性，建议达人与商家在制定合作订单前有充分讨论沟通，确定合作订单中涉及的合作玩法。使用官方提供的线上化合作工具，当合作出现纠纷时，平台可以更方便地了解合作细节判断合作过失，给予准确的处罚或者引导。

当订单合作模式为等比例服务费或一口价服务费时，达人接单前，需勾选页面下方的《商达合作服务费协议》，可点击协议查看详情。

若达人账号绑定了机构，且达人商达合作订单服务费结算也绑定了机构，则合作订单的服务费，将 100% 由机构代收，并由机构作为乙方主体与商家签约，并为商家开具发票。达人可通过达人工作台、合作管理、订单管理查看商家发送的订单进展。

达人接单规则：达人需要在商家发起合作订单 3 日内完成接单，否则订单自动关闭；达人未接单时商家无法申请取消，如需取消，请联系达人拒绝合作。

3. 达人履约交付

当达人确认接单后，整个合作订单将进入待开播状态。分为等比例服务费订单和一口价服务费 / 纯佣订单。达人团队需要根据约定的直播排期时间内完成直播。直播完成后，可在此处绑定对应的直播场次，系统将自动根据合作订单读取直播中相关合作商品的带货数据进行汇总。

当有涉及合作商品的直播场次被绑定后，页面将变为待交付状态。在此页面中，达人可查看到合作设定成交目标的完成进展，如果单场直播不满足预期，达人可继续点击绑定直播关联更多直播场次，促使带货进度完成。

完成带货目标后点击交付，可将带货进展提交给商家进行验收。若带货预期目标未完成也可进行交付，此状态下：

（1）若合作模式为等比例服务费，交付 20 日后，将依据结算订单销售额 / 约定销售额等比例结算服务费。若合作模式为一口价服务费，商家可以要求补播，但服务费将全额支付给达人，如图 4-18 所示。

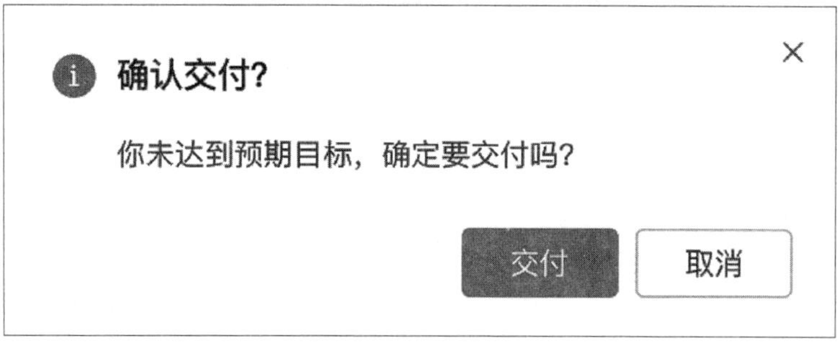

图 4-18　一口价服务费模式

（2）若合作模式为纯佣，商家将有权利在后续流程中要求达人补播，或者最终导致合作无法正常交付结算。

直播后通过订单详情页的绑定直播功能选择直播进行绑定，可选范围为发起合作单之后的全部直播。绑定直播可通过两种方式将带货直播与合作订单进行绑定：一是初播阶段，约定时间内开播的直播会自动绑定至合作订单；二是补播阶段，驳回时间 +14 天内的直播会自动绑定至合作订单。

4. 商家验收

商家在达人直播带货履约过程中，可以通过合作订单详情实时看到成交的完成进展。商家请注意：若与达人的合作模式为等比例服务费，达人交付后系统将自动验收并结算；若与达人的合作模式为一口价服务费，商家有一次机会驳回且要求补播，服务费将全额结算给达人；若与达人的合作模式为纯佣，商家有一次机会驳回交付并要求达人补播；若达人账号绑定了机构，且达人商达合作订单服务费结算也绑定了机构，则合作订单的服务费，将 100% 由机构代收，并由机构作为乙方主体与商家签约，并为商家开具发票。

当达人点击交付后，合作详情界面将会变为验收环节。商家可根据达人最终交付的带货成交完成度，判断验收通过，或要求达人进行补播。当商家验收通过后，合作订单将自动进入后续服务费结算流程。达人交付后，商家需要在 14 日内完成验收，否则系统将自动验收通过。

当达人直播成交目标完成度不符合预期，商家可点击驳回补播按钮，要求达人进行带货补播，如图 4-19 所示。需强调：每次合作中仅有一次拒绝交付的权利，拒绝后达人需要进行补播。

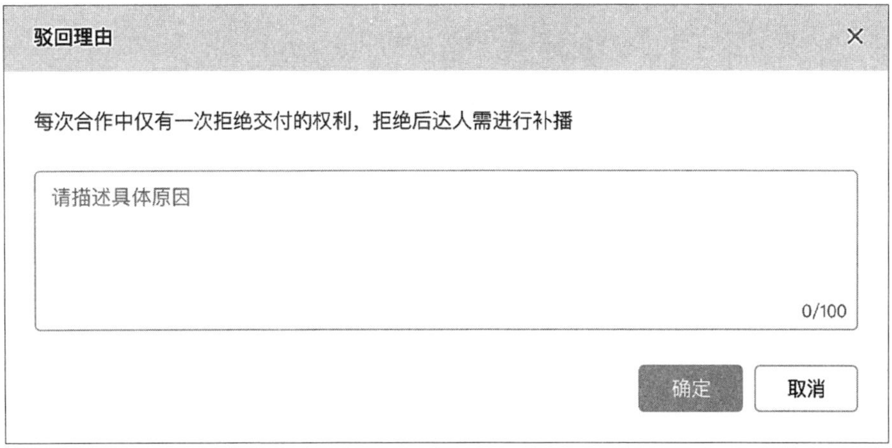

图 4-19　验收驳回

进入补播流程后，达人与之前直播带货流程一样，需要捆绑补播直播场次与之前累积的成交一同累积，计算整体直播过程的目标完成度，完成补播后可再次进行交付。

若系统验收，对于等比例服务费订单，无须商家验收，达人交付后 20 日后系统将自动结算。

5. 其他

1）取消合作

在合作进行过程中，可通过顶部取消合作按钮申请取消终止合作。当商家或达人想在合作中途取消合作时，需注意以下事项，见表 4-2。

表 4-2　取消合作注意事项

取消时间	商家取消	达人取消
达人未签署	不可取消	正常拒绝合作
达人已签署，未带货未超时	需另一方同意才可取消：若不同意则需要继续履约；若同意，取消成功	
达人已签署，未带货已超时	可直接取消成功	需商家同意才可取消：若不同意则达人需要继续履约；若同意，则取消成功
达人已带货	不可取消，但可进行投诉；若达人带货目标不及预期，商家可要求补播	

注：①未带货时，商家和达人均可申请取消订单，需要另一方确认。如果对方同意，合作取消；若对方不同意，合作继续。申请取消后 3 天内未处理视为拒绝。

②超时约定最晚带货时间 3 日未带货，商家申请取消直接成功，不需要达人同意，并视为达人未履约。

③超时约定最晚带货时间 14 日未带货，系统自动关闭订单，并视为达人未履约。

④是否带货以绑定直播为准。

2）直播订单评价

2022 年 8 月 23 日起，商家与达人有线上合作订单，订单状态变更为已验收（含商家验收和系统验收）、已等比例退款、已超时（含超时关闭和超时未补播）后，可以进行直播订单评价。评价任务有效期 30 天，过期无法继续评价。

功能入口 1：抖店 PC 后台→精选联盟→达人合作→合作管理→商达订单管理，订单列表或订单详情。

功能入口 2：抖店 PC 后台→精选联盟→达人合作→合作管理→合作评价，可以筛选订单类型为直播订单，进行此类评价。

点击去评价按钮，可提交评价，提交后按键变为评价详情，点击可查看评价详情。

支持商家从合作履约、沟通态度、带货效果三个维度评价达人。评价达人分为

5 星，低于 3 星支持选择差评原因；商家可自定义输入评价内容，补充更多合作信息。评价合作订单—未履约达人时，支持商家在评价中反馈，达人未开播是否与商家协商一致。

商家真实有效的评价，将会影响达人的评价分，评价分和评价历史，会展示在达人主页上，影响其他商家对是否与达人合作的判断。

3）咨询与投诉

在整个合作过程中，商家与达人都可以通过顶部客服按钮进入咨询流程。在系统自动验收、超时未补播、补播交付后场景下，商家后台设有投诉入口。

点击投诉，系统将弹窗确认具体投诉的合作订单 ID，方便客服在收到投诉后，可通过合作 ID 第一时间了解合作进展及相关履约数据。

4）报名达人招商

达人招商界面，如图 4-20 所示，包含达人合作邀约与招商合作的双重功能新版达人招商，也可在达人广场完成，找达人、看数据、报名招商、达人建联，一气呵成。

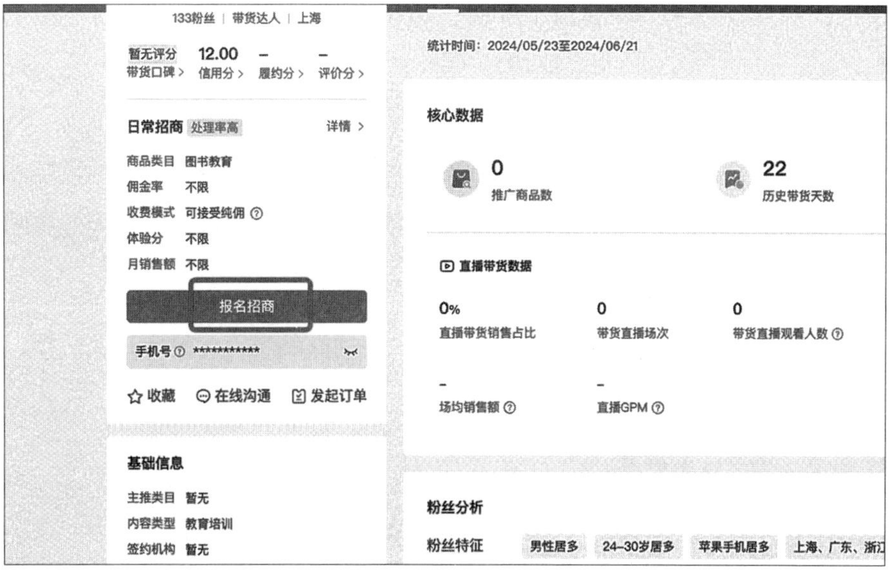

图 4-20　达人招商

达人发布招商时，明确提出带货要求，符合要求的商家商品，才能提报，如图 4-21 所示。商家与达人精准撮合，避免无效提报，达人回复率高，合作更高效。

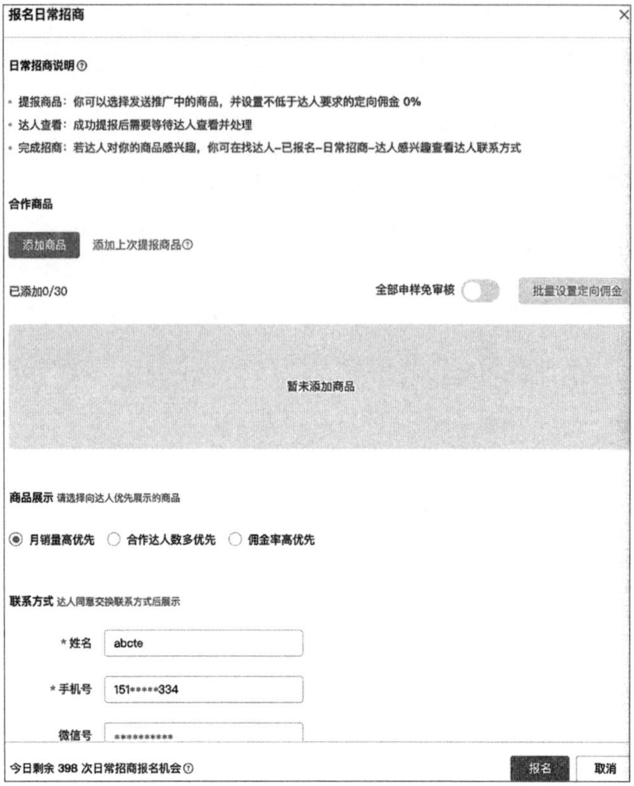

图 4-21　商家添加商品

达人专属招商分两类：一是日常招商，达人开启后长期有效，更适合长期稳定推广；二是限时招商，达人发布后仅在活动期内有效，更适合专场、大促等时效性强的场景。

达人发布招商时，会明确提出招商要求，包括商品类目、佣金率、价格、收费模式、店铺体验分等；仅当商家商品满足要求时，才可以报名。避免无效提报，达人处理更快，撮合效率更高。

5）筛选招商中的达人

筛选达人操作入口：精选联盟→达人合作→达人广场→找达人。商家也可以通过以下更便捷的方式找到招商中的达人：

（1）直接筛选符合招商活动报名要求、招商处理率高的达人。

（2）参考达人列表信息，如达人基础数据、商家达人合作历史、达人生效中的招商数量等。

6）报名招商活动

含日常招商和限时招商两种：

（1）报名日常招商。

日常招商操作入口：精选联盟→达人合作→达人广场→进入达人主页，达人主页侧边栏展示达人的日常招商信息，可点击报名招商；商家不满足招商条件，则无法报名参与。

日常招商报名要求：商家体验分≥ 4.4；商品类目、佣金率等符合达人招商要求；一键添加时，自动去除不符合要求的商品；设置的佣金率为定向佣金，需高于普通佣金率，达人感兴趣后生效；报名次数不得超过每日限额。

（2）报名限时招商。

限时招商操作入口 1：精选联盟→达人合作→达人广场→进入达人主页，达人主页侧边栏展示达人的限时招商信息；若达人未发布限时招商，则无展示。

点击报名或继续报名按钮，进入商品提报环节，如图 4-22 所示。

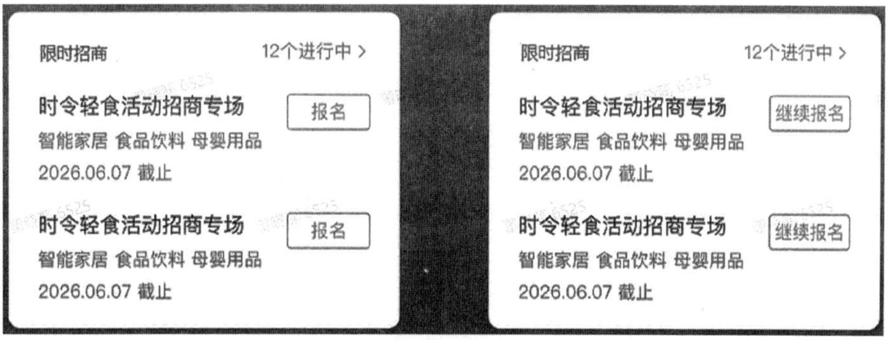

图 4-22　继续报名

点击商品右侧的报名，编辑商品权益，将对应商品提报到本招商活动，如图 4-23 所示。

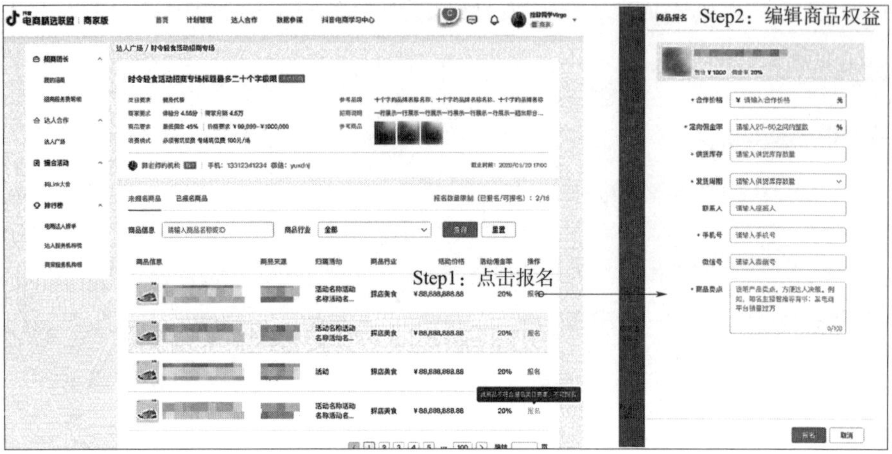

图 4-23　编辑商品权益

限时招商操作入口 2：精选联盟→达人合作→达人广场→达人招商，本页面仅展示限时招商活动，商家可以在此页面直接搜索活动。点击立即报名，进入商品提报环节。点击商品右侧的报名，编辑商品权益，将对应商品提报到本招商活动。

限时招商报名要求：商家体验分≥ 4.4；商品类目、佣金率、价格符合达人招商要求；不符合要求的商品无法报名；设置的佣金率为定向佣金，需高于普通佣金率；此佣金率仅供参考，达人感兴趣后不会生效；报名上限为 15 款商品。

7）查看处理状态

处理状态含日常招商和限时招商两种：

（1）日常招商处理状态。

操作入口 1：精选联盟→达人合作→达人广场→已报名→日常招商。

操作入口 2：精选联盟→达人合作→达人广场→进入达人主页，查看达人主页侧边栏。

达人感兴趣，可查看达人联系方式；佣金率已生效，并且自动生成了定向计划；

达人不考虑，可在 30 天后再次报名；达人未处理，可在 14 天后再次报名。

（2）限时招商处理状态。

操作入口：精选联盟→达人合作→达人广场→已报名→限时招商。

达人感兴趣，可查看达人联系方式，但佣金率并未生效，需沟通后为达人配置推广计划或下单，招商生效中可以继续报名商品；达人不考虑，已提报的商品达人不考虑，若招商仍在生效中可以继续报名商品；达人已合作，达人已带货，若招商仍在生效中可以继续报名商品。

4.2.3 螺旋阶梯选品带货法

螺旋阶梯选品带货法，就是在选择了一款产品以后，找到一个渠道愿意帮您带货，然后根据他的带货榜把这个达人正在带的头部产品上架，给足够多的佣金，然后再用这个产品反推达人拓展更多的渠道。下面以这个纸巾产品作为例子，如图 4-24 所示。

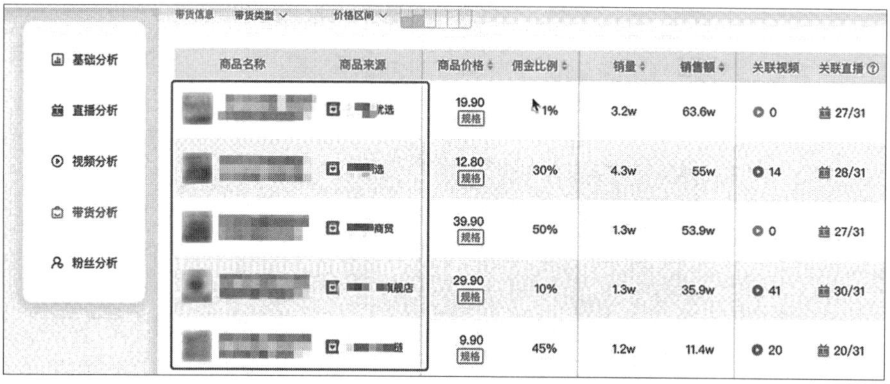

图 4-24 达人带货分析

比如这些产品上架以后给一个高于原产品的佣金比例，然后再通过这些产品的带货达人榜，继续用达人的带货榜选品，以此类推。用这个方法店铺不需要上架太多的产品，10 个产品就足够了，每个产品都会有足够的渠道达人帮您带货，您只需要根据不同的达人做好阶梯的佣金比例就可以了。

这个方法的核心就是以达人为中心，只要您能与某一个达人产生深度合作，那么基本上所有的爆款都可以上架，再通过爆款找达人，持续与优质的达人建联。

4.2.4 抖音商城的运营思路

2023 年，抖音全力发展货架电商，包括淘系和拼多多的商家陆续进入抖音，结合兴趣电商，抖音重新定义了电商的形式为全域电商。之前的 FACT 如今就变成了 FACT+，下面介绍抖音货架电商的运营思路。

1. 商城的流量入口

抖音全域电商的流量入口，其流量入口有官方活动、抖音旗舰和猜你喜欢三个通道，如图 4-25 所示。

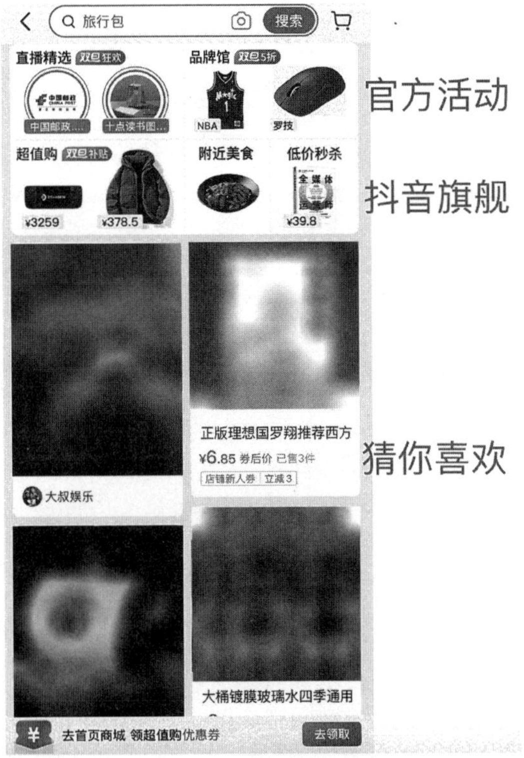

图 4-25　抖音全域电商的流量入口

我们来拆解一下抖音全域电商的页面就会发现，拆出来的模块不复杂，很简单。官方活动是比较优质的一个渠道入口。简单来讲，如果说您后台发现有一些官方活动是可以进行提报的，建议大家能报就去报，去关注后台的一些提报信息。让我们去搜索准入，您会发现这里有精选跟品牌馆的透出，这块是给直播的，只要您是旗舰店都有机会在这里透出。猜您喜欢是经过数据预算的，会根据您的访问习惯推送给您需要的产品，所以您很难不点进去，这是一块比较大的流量来源。

2. 数据化拆解商城的流量渠道

既然商城的流量重要，那么怎么分析商城的流量是否健康，又该怎么优化呢？这时候需要用到抖音官方提供的数据罗盘，如图 4-26 所示。

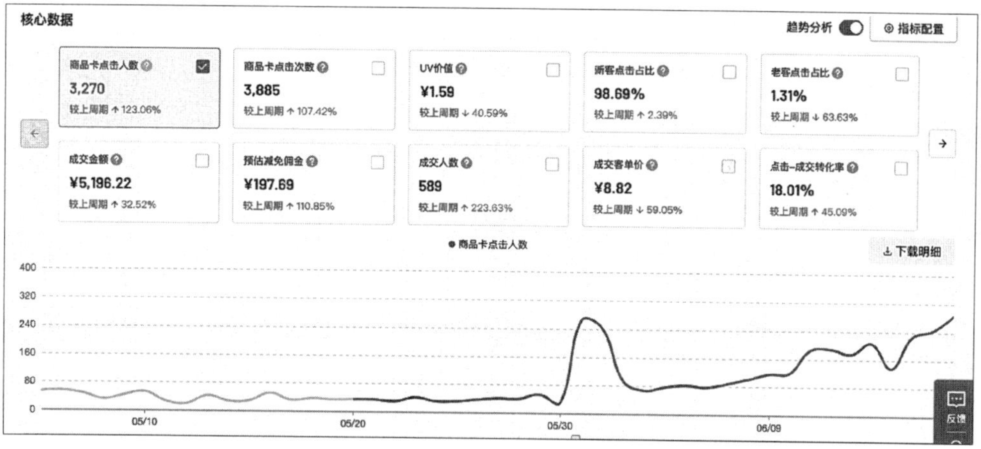

图 4-26　数据罗盘

在这里，需要关注的是：一是看流量，看店铺的流量与上周同比有没有增长；二是看占比，占比是什么呢？占比是指整个店铺成交金额的占比。如果您又做短视频，又做直播，又做商城，那么一定要去看一下占比，常规来讲 20% ~ 30% 是一个比较正常的额度。如果说发现直播、短视频都做，但是商城占比 20% 都不到，就明显低于行业均值了。最后推荐大家关注渠道分析，如图 4-27 所示，把商城概览往下拉可以看到一个渠道分析页，这里有非常多的渠道来源，比如商城流量高，这些高的商城流量是从哪里来的？在这里能够看得非常清楚，包括商城推荐位、搜索店铺页等。

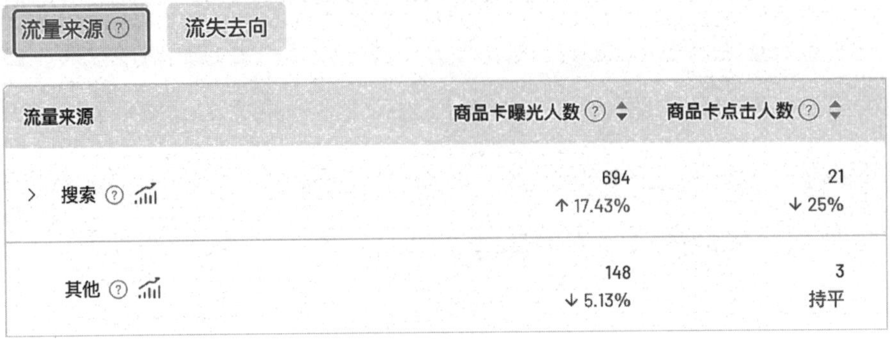
流量来源 流失去向

流量来源	商品卡曝光人数	商品卡点击人数
搜索	694 ↑ 17.43%	21 ↓ 25%
其他	148 ↓ 5.13%	3 持平

图 4-27　渠道分析

为什么推荐大家去看渠道分析？关注渠道分析会发现，其实对于不同来源的流量有一个很明显的感知。比如某一块流量缺失了就要找原因，可以通过渠道分析找到缘由。

3. 优化搜索流量

在抖音搜索中可以搜索到商品卡、短视频和直播间。如果想拿到搜索流量，首先是优化商品卡。商品卡有 12 项要素：主图、价格 / 销量 / 活动、商品标题、保障 / 活动 / 物流、SKU 选择、商品评价页面、同店铺商品评价页面、店铺名称、体验分公示、产品参数信息、商品详情页、功能区。

商品卡优化分五个模块：商品、标题、主图优化、商品详情、信用。前三个模块为搜索三要素，这三点做好会有助于商品的搜索流量，后两个模块是优化转化率的。

（1）商品。商品模块在前面已经介绍过了，选品时需要根据品的潜质，根据品的一些特点挑选。比如全网成交高的且平台紧缺的商品，其次是趋势类的商品。

（2）标题。标题的关键点在于找词，找词有三个方向：一是找到自己原有的词，在电商罗盘的引流搜索词里面找，根据自己的那个店铺去找原有已经能产生搜索数据那些词（这些词在店铺里已经能产生搜索数据了，有曝光、有转化、有点击了。如果您要做新品，把这些词放到标题里；如果原有的品要改，要避免把这些词改掉）；二是找行业内优质的词，在热搜榜里面找，从行业搜索词里的一个热搜榜里找所属的行业，这里下拉可以按选择的行业去找行业的优质词（建议这里拉出来之后按搜索指数排序，或者按热度点击排序，排序后就会得到一份行业优质词的词表，把它下载下来就是行业优质词）；三是找进店相关的词，去到对标的店铺，看看什么词他在用，您没用。

（3）主图优化。主图优化其实比较简单，可以借助官方的数据罗盘。商城推荐分析商品卡下面有一个主图分析，如图 4-28 所示。

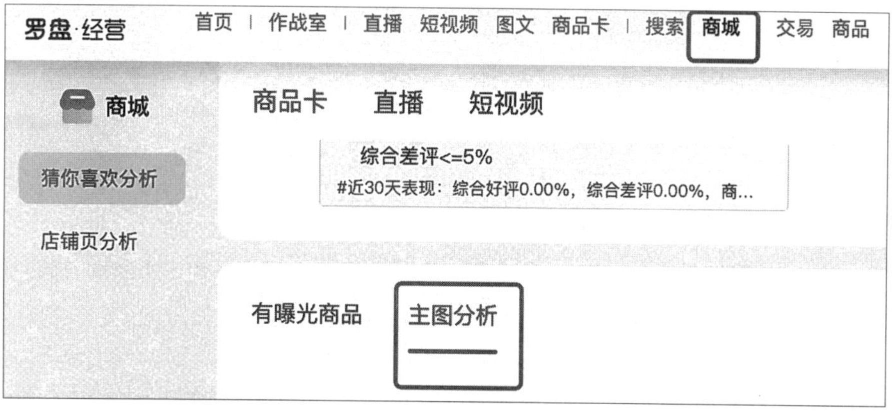

图 4-28　主图分析

在这个页面里，主图图片比较多，这时系统会帮您测算出图片的点击率是多少，还有历史的点击率，您可以通过它知道哪些图片的点击率更高。

4. 详情页设计

商品的详情页设计思路总体来说要遵循三点：一是从客户的需求出发；二是说人话；三是结构要合理合规。

（1）从客户的需求出发。前面讲过如何在同行和评论区找到客户的需求和痛点，这里就不再展开。

（2）说人话。电商有时候会陷入产品思维，总是在介绍自家产品用了多少工艺、用的是什么进口材料，其实现在的客户愿意看到直入需求与痛点的产品介绍。所以，在设计详情页时要抛开产品思维，要知道是谁在看，他们有什么痛点、什么需求，从他们的角度、用他们容易理解的方式呈现。

（3）结构要合理合规。要遵循平台的详情页规则，不能过度宣传或夸大宣传。详情页的结构，建议分三个块：一是产品展示，如做一些模特图、商品图、产地图、生产图等；二是信任背书，如产品的资质、名人背书、品牌展示、售后反馈、卖家秀或评价，可以强调一下信用分和累计销量，最后再强化一下售后的保障；三是促销信息，如限时的折扣、物流保障，以及其他增值服务。

4.2.5 DOU+ 和巨量千川

1. 利用 DOU+ 投放上热门

1）DOU+ 是什么

DOU+ 是抖音官方推出的一款视频和直播间加热工具，可以高效提升视频和直播间的曝光量及互动量。

按下单场景，分为视频 DOU+ 及直播间 DOU+，分别适用于短视频加热场景，以及直播间引流场景。

按产品形态，分为内容加热和广告推广。内容加热是指针对原生内容场景下，快速为客户获取抖音流量的加热工具。广告推广是针对部分特定的场景，支持广告投放流量库存，打广告标签。

2）DOU+ 的产品优势

主要表现在内容加热优势和广告推广优势两方面。

（1）内容加热优势有：①投放便捷。投放资质要求少，行业限制少。②预算门槛低。鸿蒙端和安卓端新客户首单低至 30 元起（部分客户 50 元起），后续下单 100 元起；iOS 端新客户首单最低 50 元起，后续下单 98 元起。③目标多元。支持多投放目标选择，满足客户多元运营的需求。④实时监测。投放期间及开播过程中可实时看到 DOU+ 带来的数据情况，便于决策是否加投；目前功能还支持深层转化数据披露。⑤投后分析。投后披露客户人群特征，可根据兴趣人群特征，进一步分析及明确受众。

（2）广告推广优势有：①流量升级。扩充广告池流量，跑量效率提升，完成账号升级后可投放营销属性视频。②转化链路更深。增加“私信咨询”“商品引流”转化目标，满足线索留资类、电商引流类客户的营销诉求，后续会围绕企业客户定制更多新的产品营销工具。③多端登录。绑定“巨量引擎账号”后，实现多平台登录（DOU+、巨量引擎 APP、巨量引擎 PC）。④操作简单。抖音 APP 内即可完成下单，不用排期，可根据实际情况，随充随用。⑤实时监测。投放期间 / 开播过程中可实时看到 DOU+ 带来的数据情况，便于决策是否加投；目前功能还支持深层转化数据披露。⑥投后分析。投后披露客户人群特征，可根据兴趣人群特征，进一步分析及明确受众。

3）DOU+ 的底层逻辑

DOU+ 的投放逻辑也是抖音赖以为生的基础，即层出不穷的优质内容和创意。如果花钱就能买到流量池，那么全网都会是人民币玩家和它的营销内容。所以，DOU+ 无法直接助推视频进入下一级别流量池。请注意，是无法直接助推视频，但是可以间接助推视频。

为什么您的视频自然推荐明明停下来了，投了一波 DOU+ 之后，真的就被推荐了？在这里，您需要理解推荐算法里存在的考试机制，您可以简单地把 500、3 000、1 万、10 万的流量池理解成为幼升小、小升初、中考和高考。视频的每一次流量池推荐都等于参加一次升学考试，考试的分数高低直接决定您是否有资格进入下一个流量池。

在升学考试中，除了有分数线的概念，还有录取名额的限制，而且每个专业的招聘名额也是不一样的。比如情感类账号，在属于这个专业的 10 万级别流量池的招生中，分数线是 600 分，而招生人数只有 100 人。因为分配给情感赛道的 10 万流量池的名额一共只有 100 个。由于报考的人数特别多，所以您的视频除了要分数上线，还必须在所有考到 600 分的 200 个视频中排到前 100 名，只有排到您前面的视频全部被推荐后才会轮到您。

在此之前您只能等着，这就是为什么您的视频有时候暂停了很久之后，才开始被进一步推荐。这时候您要问 DOU+ 呢？这跟 DOU+ 有什么关系？

只有理解了分数线和招生人数的概念，您才能真正理解 DOU+ 的真实价值。假如在初始 500 流量池的升学考试中，您的互动率只有 3%，达不到 5% 的分数线。此时，您的数据不好有两个原因：一是视频太差，就像您的学习成绩本来就很差，怎么考都不及格；二是视频其实很棒，但是由于系统对您的内容标签不了解，或者纯粹是因为运气不好，没有给您的视频匹配到最精准最容易互动的那波流量。此时，如果您坚信自己是因为发挥失常才导致分数很低，可以向 DOU+ 申请 5 000 流量进行补考，选择系统智能推荐，补考费 100 元，这时候补考的成绩是可以参与升学排名的。如果您的视频确实不错，而这次给您的 5 000 流量比上次更加精准，您的视频就有可能因为补考成绩过关，完成升学进入下一个流量池。

看懂了吗？之所以 DOU+ 偶尔会让您产生能够把视频推进下一个流量池的感觉，其实是因为您的视频本身质量过关，没有被推荐，只是考试没有发挥好。经过补考分数提高了，自然有资格进入下一轮推荐，而让优质的内容匹配给对的人，对抖音客户、抖音平台、投资方都是公平的，可谓一举三得。

有没有办法能够让自己知道需不需要补考呢？想了解自己的成绩，最好的办法当然是给自己来一场摸底考，摸底考就是用 DOU+ 投放对标账号的精准人群——粉丝推荐。您要确定投放的对象的粉丝画像和目标，粉丝画像高度重合，果断投它，100 元甚至 50 元买套卷子。只要您模拟考的互动数据大于自然推荐的数据，说明您的升学考试成绩还能够更好。此时大胆地投，大概率补考出更好的成绩。相反，如果您摸底考的成绩比自然推荐的数据更差就不要再补考了，上次已经是超水平发挥了。

除了补考和摸底考，DOU+ 还有什么作用呢？这就是让数据更好看，给账号涨粉，给直播引流，给账号加标签。给小黄车促销 DOU+ 都有，这都只是简单的流量采购，没有太多复杂的技巧可言。

总结一下，对预算有限的商家来说，DOU+ 可以帮助优质视频获得更多的补考评分机会，提高被推荐的概率。投放系统智能推荐，可以获得补考流量投放达人相似粉丝推荐，可以获得模拟考流量。模拟考流量不会计入升学考试的总分，而补考可以。摸底考成绩好的学生，补考可能成绩越考越好，流量池也越推越高，而模拟考成绩很差的同学就不要去浪费钱了，多花点钱去复习，把时间精力花在下一期视频制作上，毕竟每次发布新视频都是一次绝佳的升学机会。

4）DOU+ 的投放策略

在弄清楚 DOU+ 短视频的投放策略前，首先要知道 DOU+ 投放本质上是投产比导向的，我们需要在每次投放的时候明确“投放的目标是什么”（如给人群打标签、测试视频质量或带货）。如果是为了带货，可以直接根据投产比决定是否追加投放。

以下提供一套以提高粉丝量为目标、投放时长 24 小时的参考策略：

第一步，视频发布后观察 500 流量池的互动率。若仅 3% ~ 5%，可投 50 ~ 100 元小额测试，再观察数据。

第二步，分析投放后数据，对比 500 流量池的互动率。若未提升，说明内容需优化；若高于 500 流量池，则追投系统推荐。

第三步，对表现达标的视频追加系统推荐投放。

2. 利用巨量千川广告投放带货

1）巨量千川是什么

巨量千川是字节跳动旗下巨量引擎推出的全域电商广告平台，其广告投放逻辑跟大部分电商广告平台差不多，主要有两点：一是素材；二是出价。对于自主带货商家，最常用的是移动端小店随心推和 PC 端的巨量千川。

2）巨量千川的优势

主要表现在以下三方面：

（1）与抖音电商经营深度融合优势：①满足抖音电商商家营销诉求。短视频和直播是电商营销必备抓手，巨量千川深度贴合抖音电商营销场景，提供品牌广告、直播推广及商品推广产品，满足商家直播带货、短视频带货及品牌曝光的诉求。②支持抖音电商深度转化目标。提升短视频、直播带货的投放优化能力，从营销视角赋能商家长效经营。在支持观看、互动、停留等浅层转化目标的同时，支持对短视频商品购买、直播间下单等深度目标的优化。③投放能力匹配抖音电商营销场景。结合电商新品发布、节点大促、爆款发掘、新店冷启等全场景营销需求，建立更适配抖音电商营销的投放能力，如针对节点大促场景，巨量千川能够提供大促数据选品洞察、大促投放实时诊断、适配大促的创意、定向能力，提升商家大促商品交易总额。

（2）一体化智能营销闭环优势：①一体化营销闭环。打通抖音账号、抖音小店、巨量千川账户、资质、资金，通过一键开户和便捷管理，实现“商品管理—流量获取—交易达成”的一体化营销闭环，能够有效提升电商营销效率，实现深度转化目标，让营销效果可衡量可优化。②自动化智能投放。巨量千川搭建自动化投放系统，提供选品、预算、出价、定向的建议和自动优化能力。完善智能创编体系，通过直播高光自动化剪辑、行业模板优化短视频内容、元素级创意分析启发，提升创意素材质量，解决商家和创作者的素材痛点。通过自动化投放系统，达成新客户一键试投，中小客户通过商品托管、店铺托管、直播间托管完成低门槛投放，品牌客户借助一键测品、日常自动补量、大促自动放量等产品能力实现投放提效。③差异化版本设置。巨量千川推出抖音端小店随心推、PC 端极速推广，以及专业推广，让具备不同经营能力的商家都能轻松上手，跟随商家成长的不同阶段，有效带动商家电商营销从入门到精通。

（3）数据技术支持优势：①投前提供洞察分析。投前提供店铺经营所需的人、货、场营销洞察分析，支持选品、人群圈选、制定场景投放策略，同时会基于行业沉淀提供短视频、直播内容指导，辅助商家决策。②投中实时诊断优化。投中提供实时的投放洞察分析、效果反馈和内容诊断，帮助客户及时调整营销策略。③投后长效归因度量。投后支持系统的度量产品，帮助商家科学评估营销效果、粉丝维护，为店铺的长效经营提供可靠的依据。

巨量千川依托巨量引擎数据技术优势，结合 DMP 能力，可打造出电商场景下的精细化人群营销，满足电商商家的人群挖掘、洞察、圈选、投放需求，还能够对电商营销全链路进行科学度量与有效归因。

3）巨量千川的投放逻辑

巨量千川的投放逻辑本质是“通过付费流量撬动自然流量”。广告投放是很讲究细节和策略的，一个优秀的投手并不仅仅是靠书本上的知识学会的，而是通过实际投放经验“喂”出来的。所以，有经验的 HR 在面试广告投手的时候，更直接的问法是：“您投放广告累计花了多少钱？”

要做好巨量千川的广告投放，可以从以下几个方面着手：

（1）设定明确的广告目标。在开始投放之前，明确广告的目标是什么？是增强品牌知名度、提高产品销量，还是增加网站流量？根据不同的目标设定投放策略和指标，衡量广告的效果。

（2）定义目标受众群体。了解目标受众的特征和兴趣，以便更精准地投放广告。巨量千川提供了广告定向的功能，可以根据地域、年龄、性别、兴趣等进行定向投放，确保广告能够被最相关的受众看到。

（3）制定创意和广告内容。设计吸引人的广告创意和内容，使其能够吸引目标受众的注意力并产生共鸣。在设计广告时，注意突出产品或服务的独特卖点，并采用引人注目的视觉元素和文字表达方式。

（4）设定合理的广告预算。根据广告目标和预期效果，合理设定广告投放的预算。考虑到广告的展示量、点击量和转化率等因素，合理分配预算，并根据广告的效果进行调整和优化。

（5）追踪和分析广告效果。巨量千川提供了广告数据分析的功能，可以追踪广告的展示量、点击量和转化率等数据指标。定期分析和评估广告的效果，了解哪些广告渠道和创意效果更好，从而优化广告投放策略，提高广告的效果和回报。

（6）进行 A/B 测试。通过 A/B 测试不同版本的广告创意和投放策略，比较它们的效果差异，如可以测试不同的标题、图像、文字或投放时间等因素，以找到最佳的广告组合。

（7）与巨量千川团队合作。巨量千川拥有专业的广告投放团队可提供咨询和支持。与他们合作，了解他们的投放经验和建议，以优化广告投放策略，提高广告的效果。

4）巨量千川的投放策略

要持续关注广告投放的效果，并根据数据分析的结果进行优化和改进。通过不断调整和优化广告投放策略，结合巨量千川的广告平台优化能力，可以提升广告投放的效果和回报。

要做好巨量千川的投放，可以关注以下方面：

（1）选择合适的广告形式。巨量千川提供多种广告形式，如横幅广告、原生广告、视频广告等。根据产品或服务的特点和目标受众的偏好，选择适合的广告形式进行投放。如果您的产品需要展示细节或演示使用过程，视频广告可能更具吸引力。

（2）关注广告排期和频次控制。合理安排广告的投放时间和频次控制。根据产品的销售周期或活动时间，选择适当的投放时间段，以获得最佳的曝光效果。同时，注意控制广告的频次，避免客户疲劳和反感。

（3）追踪竞争对手和行业动态。了解竞争对手的广告投放策略和行业的动态变化，有助于您更好地调整自己的广告投放策略。观察竞争对手的广告创意和定位，找到差异化的机会，并灵活调整自己的广告内容和定位。

（4）持续优化和改进。广告投放是一个持续优化和改进的过程。根据数据分析，不断调整广告的定向、创意、投放时间等因素，可以提升广告的效果和回报。同时，保持对市场和受众的敏锐观察，及时调整投放策略，适应变化的市场环境。

总之，巨量千川的投放成功需要综合考虑多个因素，包括明确的广告目标、精准的受众定向、吸引人的广告创意、合理的预算分配、数据分析和优化等。通过持续优化和改进，结合巨量千川的广告平台优势，可以提高广告投放的效果和回报，帮助您实现营销目标。

4.3　营销活动

营销活动主要是平台活动，包括品牌大促、节日活动和与品牌一起打造的专场活动。主题活动是平台提供的各种主旨性活动，意在为商家提供借助平台资源，开展相关品牌活动的机会，是商家可以借助平台资源实现销量爆发增长的引擎。商家可以匹配品牌宣发、新品发布、大促爆发等不同经营目标，借助平台资源实现快速成长。其中，包括平台的日常活动和商家自建的一些活动。图 4-29 给出了抖音平台的一些官方活动。

图 4-29　抖音平台的一些官方活动

平台活动一定要参加，这里有大量的免费流量资源，即使单场活动带来的直接转化有限，但持续参与能形成流量积累效应，就像在蓄水池里持续注入活水。如果报名且通过了，不论能分到多少，都是额外的曝光机会。如果没参加，就比同行少了一个流量入口，始终是不划算的。需要注意的是，部分平台会设置价格门槛，要求商家将商品的价格降低到某个价位之后才能通过审核。这时候一定要算好自己的成本和费用，预留合理的利润空间，如果脱离了自己的经营目标，果断放弃也是明智之选，毕竟可持续的经营比单次曝光更重要。

除了抖音平台提供的官方活动，商家也可以自建活动，其中包括：

（1）提升转化效率工具，如图 4-30 所示。

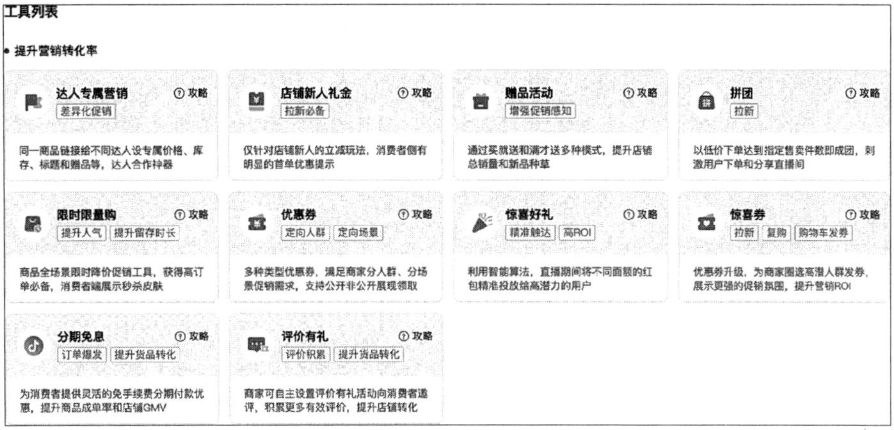

图 4-30　提升转化效率工具

（2）提升营销客单价工具，如图 4-31 所示。

图 4-31　提升营销客单价工具

（3）提升营销停留时长工具，如图 4-32 所示。

图 4-32　提升营销停留时长工具

（4）提升营销引流 UV（独立访客）工具，如图 4-33 所示。

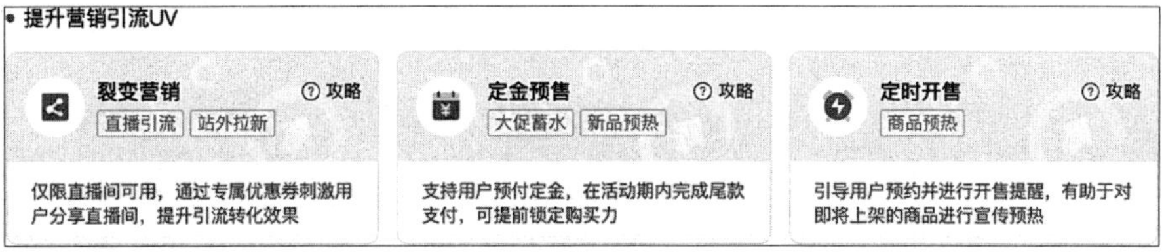

图 4-33　提升营销引流 UV 工具

官方也给出了详细的释义和攻略，这里就不作过多介绍了。读者如果开了抖音店铺，可以在后台得到详细的指引。

4.4 头部大 V

头部大 V 包括明星和头部达人，通过强强联合实现品牌和销量的双赢。抖音电商平台通过官方签约锁定了众多明星及头部达人资源，明星和头部达人拥有庞大的粉丝群体，以及强大的社会影响力，通过匹配适合品牌调性的明星和头部达人，商家可以实现快速的品宣和销量双引爆。

抖音与明星和头部达人的具体合作方式，通常分两种：一是混场；二是专场。混场是指商家将一款或几款产品植入头部大 V 直播的坑位，从而实现单个商品的销量爆发，通过长期将同一款产品进行混场植入，可以将该产品打造成平台内的爆品；专场是指商家邀请头部大 V 进行只为本商家或本品牌进行的专场直播，不仅可以做商品的种草带货，还能在专场中进行品牌信息的传递，借助头部大 V 的影响力增强品牌的知名度和影响力。

这个板块与达人矩阵的逻辑和方法差不多，只是达人的粉丝量比较大，等级比较高，但整体的思路是一样的，此处就不作过多介绍了。

第5章 如何从“0”到“1”组建电商团队

本章主要介绍如何从无到有组建电商团队，分享了高效团队协同工作方法、岗位职责分配和员工管理策略，帮助创业者组建高效团队，提高运营效率，并分析了不同发展阶段电商团队的组织结构及人员配置方案。

5.1 高效协同工作方法

前面介绍了电商运营的方法和操作层面的内容，下面介绍在组建电商团队中一些比较基础的方法，这对初创团队是比较有用的。

5.1.1 使用在线文档制作待办事项

团队如何高效地协同工作呢？方法是在团队使用在线文档制作一些项目清单，也叫作任务清单表格。每一个成员都会有一个 Excel 任务清单表格，见表 5-1。

表 5-1　在线任务管理

☑任务管理 模板
管理跟进团队任务

☑任务管理
任务统计看板
使用说明文档

任务管理表 | 进度看板 | 人员任务分配看板

	任务描述	任务执行人	进展	开始日期
重要紧急	4 条记录			
1	完成需求调研	于小宁	进行中	2023/02/05
2	产品功能开发设计	周北北	已完成	2023/01/18
3	输入任务…	黄泡泡	进行中	2023/02/04
4	输入任务…	周北北	已完成	2023/02/03
紧急不重要	2 条记录			
1	新功能评审 详情	黄泡泡	待开始	2023/01/26
2	输入任务…	刘贝拉	待开始	2023/02/04
重要不紧急	3 条记录			
1	广告投放	黄泡泡	待开始	2023/01/29
2	输入任务…	黄泡泡	已停滞	2023/01/30

在这个表格中，每个人会有一个标签。上面有任务的日期、优先级，以及任务概述、执行人等。

这个表格有什么作用呢？

（1）每个成员管理自己的日常内容。

（2）每个成员可以把待办事项填在自己或者其他成员的清单（一览表）上面。有项目需要其他成员协作的时候，可以直接在其他成员的清单上填写，然后通过聊天软件发截图告知对方。

举个例子，运营 A 需要美工 B 去做一张主图，那么他可以在美工 B 的表格上填写“×× 主图需要优化，要求：×××××，完成时间：×××× 年 × 月 × 日”，当美工 B 完成之后，就会把图片的链接填写在结果里，并截图通知运营 A。

（3）作为管理者，可以了解每个员工在忙什么事情，什么时候做完，结果怎么样。

（4）方便问题的追踪。比如运营 A 安排美工 B 做的内容，几个月后再来找，也非常容易检索出来。

5.1.2　常用文件在线导航

团队内部使用的在线导航一般是 Excel 表格，通过嵌入超链接实现访问，见表 5-2。

表 5-2　Excel 工作表

fx　巨量算数

	A	B	C	D	E	F	G
1	抖店生态	运营记录	选品和数据工具	巨量家族	图片处理	短视频创作	视频编辑
2	抖店	抖店项目计划书	蝉妈妈	巨量引擎	搞定设计	抖音创作者服务平	savefrom.net
3	抖店服务商后台	抖店SOP	抖太子	巨量百应	创客贴		ins图片下载
4	抖店开放平台	工作笔记	淘宝直通车	巨量创意	快设计		
5	学浪	达人搜集记录	抖店行业趋势分析	巨量星图	festisite		
6	抖音电商学习中心		抖店关键词分析	巨量云图			
7	抖音电商知识产权		百度指数	巨量大学			
8	抖音电商			巨量算数			
9	抖音电商-团长登陆						
10	抖音直播开放平台（公会）						
11	供应链管理平台						

这么做的好处是，导航里的所有文件都是高频使用的，整个团队的数据集中整合在单一工作表中，确保包括新员工在内的所有成员都能快速找到所需内容，极大地提高了团队的工作效率。若把这些导航链接总结出来，放到一个自建的网站上面，就能帮助电商的从业者找到经常使用的工具和网站。

想要做好这些文档，关键在于要合理分配文档的权限，比如新员工可以浏览哪些文件，主管可以浏览或者编辑哪些文件，这些都要预先设置好。每次员工入职离职或者转岗，文档的权限都需要重新调整一次。

怎么合理地分配团队成员的文档权限呢？

（1）按部门或岗位设置权限。导航里不同的内容分配给不同的岗位，比如财务数据权限，只分配给财务或运营看。

（2）建立群组。有员工离职，可以统一管理，既方便又节省时间。

5.1.3 持续更新 SOP 文档

这里说的 SOP 文档是针对每一个岗位或者每一个工作流程，根据标准操作步骤和要求以统一的格式描述出来的文档，并持续迭代优化，时间长了，就变成了一个企业的积累和知识储备。比如新员工入职，有很多需要学习和熟悉的制度、规则。我们可以做一个“新员工入职培训”的指引。新员工学习后，对公司的制度与工作流程有了大致了解，工作中就不容易犯错。同时，这个 SOP 文档在日常的工作中也会出现新的问题，需要根据团队的规模和人员的匹配不断更新和迭代这个文档，来适应不同团队成员的个别情况和个性化的需求。在这里需要强调一点，就是 SOP 文档是为人服务的，而不是人来服务 SOP 文档，任何制度要以人为本，不能把人当机器来使用，不要非常教条地使用固定的 SOP 文档，没有优化 SOP 文档是不科学的。

抖店运营的 SOP 文档，可以先使用思维导图把主干搭建好，然后再用文档的形式把每一项用文字填充进去。请注意：描述一定要简练易懂，并且注意细节，一个新手小白也能看懂，帮助新员工快速进入状态。

5.2 团队绩效管理

团队的绩效管理主要分为制定清晰的职责和考核标准、制定有挑战性的薪酬分配制度、价值观考核和定期复盘总结。

5.2.1 制定职责和考核标准

每个岗位要制定清晰的职责和考核标准。下面以运营岗位职责为例。

（1）制订销售目标和销售计划。主要内容包括：根据企业年度目标，制定店铺的销售目标；根据目标制订销售计划；根据每个产品的阶段，制订每周和每月的销售计划；每周一更新项目计划进度；每天更新项目执行情况；可以根据实际情况随时优化计划内容；每月总结计划与目标的执行情况。

（2）制订补货计划（保证库存周转率和库存量的安全）。主要内容包括：每天检查需要补货的数量；减少缺货对销售造成的影响；处理生产跟单反馈的交货异常情况，与供货商协调发货进度，解决发货异常的问题。

（3）制定考核标准。主要内容包括：库存绩效指标 500 分以上，滞销商品要及时清理等。

以上是一个简单的职责描述。请注意，设计考核标准一定要足够的细节和完整，要足够清晰有哪些考核标准会影响到团队成员的绩效。

5.2.2　制定薪酬分配制度

一个岗位的基础工作是员工必须要完成的底线要求，但要让团队整体业绩更上一层楼，就需要用科学的方法激发大家的工作热情。具体而言，就是要制定一个既具吸引力又富有挑战性的薪酬分配制度，让员工的收入直接和销售成果（GMV，商品交易总额）挂钩，真正实现“多劳多得，优劳优得”。

在具体实施中，首先应根据岗位职责明确基础薪资，这是员工收入的底线保障。然后，为了体现挑战性，可结合具体销售目标设定阶梯式的绩效奖金制度。具体操作步骤如下：

（1）定目标、分阶梯。根据公司整体战略，给每个商品或品类设定月度 / 季度销售目标，比如 5 万元、10 万元、20 万元这样的阶梯。就像游戏打怪升级，每个关卡对应不同奖励。

（2）设置阶梯式提成比例。比如完成销售 5 万元以内拿 2% 提成，5 ~ 10 万元区间提 3%，超过 10 万元则增加到 5%。业绩越高，单位收入的提成比例也越高，形成“跳一跳够得着”的激励效应。

（3）实施透明的数据跟踪与反馈机制。使用数据平台实时跟踪每个员工或团队负责商品的销售数据，确保数据透明且易于员工随时查询。每周或每月通过绩效表或看板向团队公布实时销售业绩及对应佣金情况，让员工清晰了解自己离下个奖励档位还有多远。

（4）及时兑现奖励与公开表彰。每个绩效考核周期结束后，快速计算并兑现奖金。同时，举行定期的团队会议，对表现突出的员工给予公开表彰，让努力的人既有面子又有里子，形成良性竞争氛围。

通过以上四种措施，薪酬制度不仅实现了挑战性与公平性，更重要的是激励了员工持续追求卓越的销售成果，最终推动整体业绩的稳步增长。

5.2.3 价值观考核

在团队管理的过程中，要掌握虚实之间的切换，越是实的内容就越要务虚，比如团队的业绩，如果员工真的完不成目标，首先应该先通过谈话了解情况，或者给他培训，不要一上来就罚钱。同理，虚的内容也要务实。比如价值观是一个很虚的东西，所以需要把它分解成具体的行为和精神层面的要求。大部分是对行为上的要求，也有精神层面的要求，在细分的若干个考核指标中，也需要突出业绩导向的取向。

在设计价值观考核时需要明确以下内容：

（1）明确考核规则。比如打多少分数才算合格、多长时间考核一次、在什么情况下会扣分等。

（2）明确具体细节。根据实际情况总结更适合自己的团队价值观。比如客户第一、团队合作等。客户第一的具体表征有哪些？比如与客户交流的过程中，即便不是自己的责任也不推诿算作一条，然后给这一条确定一个分数。等到需要考核的时候，我们把这些细节拿出来，根据规则和细节进行打分。

在打分的时候可以让员工自己评分、同事评分和上级评分三个渠道，然后取平均值的方式去考核。这是为了做到相对公平，每个人对自己、对别人都会有一些认知偏差，别人眼中的自己和自己对自己的认识不能统一，很多事换个角度也许会有不一样的发现。我们考核的目的永远不是惩罚，而是有机会可以发现自己的认知盲区。如果主管的评分跟这个团队成员的评分，以及同事的评分有很大的差距，是不是我们就可以把这个评分拿出来讨论一下，来纠正或优化工作中的具体行为。

5.2.4　定期复盘总结

在团队管理中，除了日常任务执行、目标设定和激励机制之外，建立定期复盘总结机制同样至关重要。复盘总结机制不仅能够帮助团队回顾过去一段时间的工作成果，更能及时发现问题、改进不足，进而有效提升未来的执行效率与绩效表现。

在实施过程中，可以通过每月固定一次的团队总结会议展开，具体可分三个阶段操作：

1. 会议准备阶段

提前三天向所有员工明确复盘会议的时间和要求，每位员工需准备一份个人复盘总结 PPT。PPT 内容必须包含以下三方面详细内容：

（1）上月目标达成情况。需要详细列举每个任务或项目的具体目标，并用可量化的数据进行精准展示，比如 GMV 达成率、客户增长率、订单完成数、销售转化率等。确保目标达成情况的陈述清晰具体。

（2）工作中存在的不足与原因分析。员工应针对未完成或未达预期目标的项目，逐一分析问题所在，尤其要深入剖析主观与客观原因。如遇到商品推广效果差，应从选品、推广渠道、内容制作、竞品分析等维度详细说明原因。

（3）提出针对性的解决方案与下月计划。在深度分析问题后，每位员工必须提出针对性的具体解决方案，并制订下一阶段详细的工作计划。计划要围绕所在部门的整体目标进行拆解，同时明确每个具体行动项及所需资源支持。

2. 会议实施阶段

在月度会议上，安排每位员工轮流进行 PPT 分享，每人限时 5 ~ 10 分钟，确保会议高效推进。同时管理人员需要在员工分享时及时记录关键问题点，并现场给予反馈和建议，帮助员工更好地制订下一步行动方案。

3. 会议总结与绩效评估阶段

会议结束后管理人员应根据员工汇报的目标完成情况、问题分析的深度、解决方案的针对性及下月计划的可行性进行全面评价，形成量化评分结果。团队的月度奖金和绩效奖励可直接与该评分挂钩，体现出复盘总结会议对团队运营管理的重要价值。

通过以上明确且细致的操作流程，定期复盘总结会议可有效提升团队整体的自我分析和问题解决能力，从而推动业绩的持续提升。

5.3 创业阶段如何招聘合适的人选

招聘更重要还是内部培养更重要？这个问题像极了先有鸡还是先有蛋的哲学问题。在团队初期，其实需要的成员并不多，即便这样，也需要考虑招聘的问题。同时对于已经在企业的员工，要培训他们，这很重要。改变一个人非常难，所以从一开始就选对的人。如何招到我们想要的人，这需要花更多精力选人。如果招进来的是一粒树种，假以时日，做好培训，终有一天会长成大树；如果招进来的是一棵草种，再怎么浇水施肥也长不大，而且会拉低团队的整体水平。

5.3.1　团队管理三个准则

团队管理的三个准则：一是选人要准；二是管人要严；三是待人要好。

（1）选人要准。招进来的人是对的。如果招进来的人不对，想把他培养成想要的样子真的是太难了。

（2）管人要严。从长期来说，员工更愿意追随严格的领导，还是宽松的领导呢？我们来对比一下。跟随比较严格的领导，每天都是战战兢兢、如履薄冰，经常担心被他劈头盖脸一顿批评，但是每一次批评过后，您都可能有巨大的提升和反思，几年以后工资涨了好几倍，最终被别人以很高的工资挖走，在更高的职位上实现价值。若跟随比较宽松的领导，他对业务要求不严，对做得差的人、业绩不好的人也能容忍，这样的人就是老好人，每天您好我好大家好，员工团队很开心。您会喜欢这样的领导吗？

（3）待人要好。比较严格的领导，用人又狠，可能会被人叫作“周扒皮”。所以，在严格管理的同时，还要真诚待人，比如关心员工的工作、生活；职责划分清楚，不摸鱼，不甩锅；工作上对员工给予支持，比如培训、资料、资源等；一些边缘福利，比如员工过生日送祝福，经常请员工吃饭等。

团队管理真正重要的是，要让员工跟着您有收获、有进步，几年以后回想当初，会觉得跟着您是他们整个职业生涯中成长最快、进步最大的时候。其实，这样的管理者才是真正对人好。

5.3.2　招聘渠道及人才招聘

现在大家都在用 Boss 直聘、智联招聘、前程无忧这样的招聘网站，猎头也是一个不错的选择，比如猎聘网等。如果是初创期，建议从同行、行业上下游进行整合，因为现在招聘很难，尤其是初创的团队。如果跟同行或者行业上下游进行整合，可能会产生 1 加 1 大于 2 的效果。

1. 如何招人

初创阶段尽量招收有经验、有技能、有资源，学习能力强的人。

（1）招有经验的人。初创阶段尽量招聘有三年以上工作经验的人，进入企业能立刻做事、创造绩效的人。因为招进来一个新入行的人需要教育培训，前三个月不一定能把自己的工资赚回来，还会有很多问题，会严重影响团队的效率，分散老员工的精力。初创的团队一定要把工作效率放在第一位。

（2）招有技能、学习能力强的人。一专多能可塑性比较强的人，应择优录取。一旦发现不合适的人就要及时更换，小企业跟大企业不同，经不起时间和资源的耗费。

（3）招有资源的人。招聘过来的人最好是企业所在的行业有一定积累的人，可以是有客户资源的人，或者是在行业上下游有渠道资源的人，能够为企业快速发展贡献价值。

2. 如何吸引并留住人才

（1）高提成，高绩效奖励。首先要明确一点，工作就是为了生存，要生存就要有收入，抛开钱空谈梦想是不行的。作为初创团队，如果给不了吸引人的报酬，是不会吸引到优质人才的。

（2）塑造梦想，描绘希望。除了实际的利益，高提成、高绩效，甚至是高基本工资以外，还要给出足够多的愿景。人有时候是很懒惰的，很多情况下不愿意努力是因为不知道这件事做成以后自己能得到什么结果，所以企业工作除了价值观和使命，还要有一个让大家跳起来就能够实现的愿景。

（3）多元化的升值（职）体系。帮助员工成长，比如打造一些升职通道，让员工感觉在这个团队、企业是有上升空间的。我们需要做一些体系，从没有经验刚进企业做助理的员工，或做助理运营，半年之后考核一次，如果通过了，就可以做运营。运营之后，也可以做高级运营，高级运营后面还可以带团队，可以带两个人或带三个人的团队。如果都成熟了还可以做主管、经理。让他们明确地知道，在企业工作是有上升通道的。

（4）懂得分钱，股权激励，项目分红。要懂得分钱，项目分红，股权激励。对于那种执行力比较强，或者能力比较强的员工，如果上升到一定程度，老板应该把格局打开，可以在一些项目，或者接下来再分支的一些项目，让这些有能力的人单独出来，把这些项目担当起来。在这个项目里，可以做单独的核算，然后跟他们分红、分股权。我们也可以让他投入一些资金，他就会跟企业有更深层的绑定，这样整个工作态度是不一样的。

3. 面试及岗前培训

招人主要分为两个阶段：一是面试；二是岗前培训。

（1）面试。面试前需要准备三类问题：

第一类价值观的问题：我们需要了解应聘人员的价值观是否与企业匹配，比如过去的企业让您最认同的地方是什么？过去的工作中您对企业哪些方面不适应？您心目中理想的领导者是什么样的？您对未来企业最担心的事情是什么？您对职业生涯是如何规划的？

第二类经验和能力的问题：我们需要了解应聘人员所应聘的职位和所具备的技能，比如应聘一个运营，需要问怎样设置 SKU、怎样与达人谈判等。

第三类态度和品性的问题：建议从具体场景切入，比如“若发现同事存在违反公司规定的行为，你会如何应对？”若涉及过于敏感的工作情境，可转换为生活化提问，比如“当看到小朋友用玩具模拟危险动作时，你会做何反应？”

（2）岗前培训。岗前培训有三个要点：一是培训是企业价值观的传递，统一新员工思想的过程；二是企业基本制度和行业知识的培训；三是培训的过程中要不断地给员工描绘美好的未来和希望。

第6章　实操！从“0”到“1”开一家抖音店铺

本章主要介绍如何从“0”到“1”做一个抖音店铺，从选品、市场调研到实际操作的各个环节，帮助读者将前面的知识落地，应用到具体的实践中。

6.1　商品基础调研与销售趋势分析

前面介绍了在抖音做电商需要做的一些准备工作，包括电商行业的基础知识、运营方法和平台的操作技巧，以及市场需求的分析、竞争对手分析等。下面将依据之前介绍的这些方法论，从“0”到“1”做一个抖音店铺。所谓从“0”到“1”就是凭借一己之力，先跑通最小的业务闭环，模式走通后，有了稳定正向现金流，再从“1”到“10”，从“10”到“100”。

下面我们结合具体案例讲述如何做开店的前期准备，以及如何进行有效的商品调研。该案例总前期投资额不超过5万元，主要购置必要的设备等，如计算机、手机，以及店铺保证金等。

6.1.1　明确店铺规模与启动资金

根据抖音电商店铺规模和运营方式的不同，启动资金和人员安排也有所区别。这里具体列出微型店铺、中小型店铺和中型以上规模店铺的方案，见表 6-1。

表 6-1　常见三种店铺规模的方案

店铺规模	适用人群	人员需求	建议启动资金	运营方式
微型店铺	个体创业、兼职经营者	1 ~ 2 人	2 万元以内	一件代发模式
中小型店铺	全职经营、有一定运营经验者	3 ~ 5 人	3 ~ 10 万元	部分囤货 + 一件代发
中型以上规模	有电商经验，追求长期经营	5 人以上	10 万元以上	自主囤货、精细化运营

注：微型店铺适合首次创业者，推荐采用“一件代发”模式可降低经营风险；中小型店铺适合有一定电商经验，追求规模和稳定收益的人群；中型以上店铺适合具备较强资金和人员基础，目标为长期运营和品牌化的店主。

假设我们开一家抖音微型店铺（首次创业者），启动资金预算：店铺保证金 5 000 元；手机及计算机设备（已有设备可忽略）约 4 000 元；营销费用（DOU+ 推广）5 000 元 / 月；工具费用（如巨量算数、快记师）约 300 元 / 月；备用现金流（安全预备资金）约 1 万元；合计约 2.5 万元。

6.1.2　明确店铺的经营类目与风格定位

通过在拼多多盲刷，看什么产品卖得好，由于是在初创期阶段，所以找的商品客单价尽量不要太高，以提高客户的转化率为主要目标。

1. 经营类目选择

建议选择初期市场需求大、利润稳定且竞争不过于激烈的类目，如家居百货、日常小家电、母婴用品等。

2. 风格定位和客户群体分析

现代简约风格适合年轻都市人群；实用经济风格适合家庭主妇、学生、性价比人群；创意个性风格适合追求个性化、年轻化的“95 后”消费群。

风格定位后，从商品选品到详情页设计，以及营销素材创作，都要围绕店铺的风格定位展开。

第一步，初步选品。

在拼多多、1688 等平台，通过销量排名找到热销产品列表，确定初步的候选商品 10 ~ 15 款。比如在拼多多的类目榜单里，先统计不同类目里的热销产品，如家用电器类排行榜和家居百货类排行榜，如图 6-1 所示。

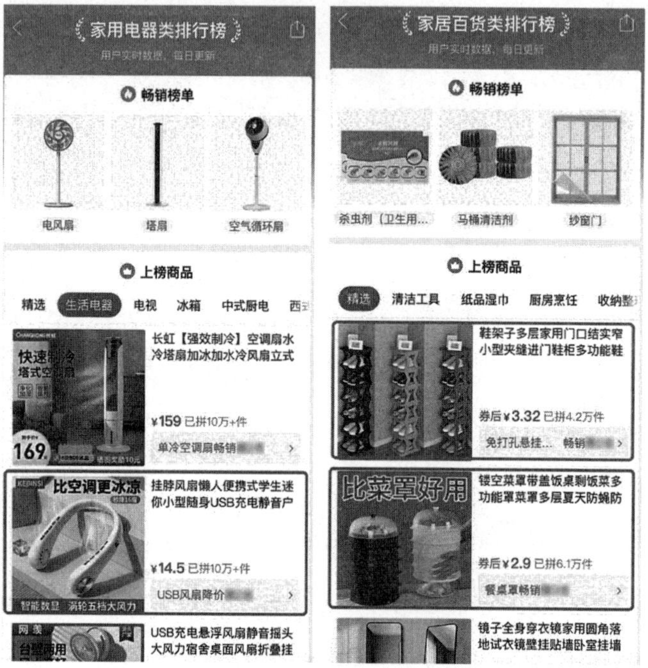

图 6-1　热销商品排行榜

这里我们在两个品类中选了三款商品进行表格统计，见表 6-2。在具体的实操中，选的商品越多越好，越多越容易对比出哪个商品更好做。

表 6-2　热销产品表格统计

产品属性	品　类	品　名	采购价（元）	参考价	拼多多链接
应季型	家用电器	风扇	14.5	略	略
非应季型	家居百货	鞋架	3.32	略	略
非应季型	家居百货	菜罩	2.90	略	略

第二步，竞争对手价格调研。

在抖音平台使用拍照搜图，或者关键词搜索功能进行价格对比，明确同款商品的价格区间。比如在抖音商城使用拍照搜索的功能，找同款进行比价，如图 6-2 所示。

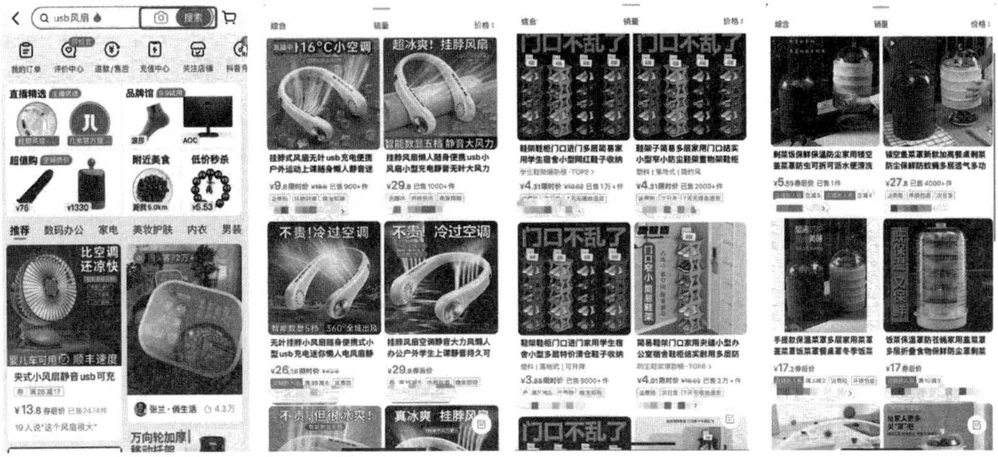

图 6-2　同款比价

从图 6-2 中可以看到，在抖音平台是有同款商品销售的，因此要把抖音平台上竞争对手的价格作为参考价格填写在表格里，同时根据销量排序，把竞争对手的店铺信息填写到表格中，见表 6-3，以备做价格分析使用。

表 6-3　同款比价表格

商品属性	品　类	品　名	采购价（元）	参考价	拼多多链接	链　接
应季型	家用电器	风扇	14.50	29.00	略	略
非应季型	家居百货	鞋架	3.32	4.31	略	略
非应季型	家居百货	菜罩	2.90	16.20	略	略

注：表中给出的采购价和竞争对手参考价都不是最终选品确定的价格，填写这些信息只是帮助我们了解这个商品的基本信息。

6.1.3　市场趋势分析

抖店后台竞争分析工具，如巨量算数和蝉妈妈，见表 6-4，用于调研竞争对手店铺的销量、定价、达人带货情况、客户评价，确认商品是否适合新店铺等。

表 6-4　竞争分析工具

调研工具	使用目的	实操步骤说明
巨量算数	分析商品需求趋势	输入商品关键词→查看 6 个月趋势曲线→分析需求波动
蝉妈妈	分析竞品运营状况	输入商品或店铺名→查看销量排名→分析竞品销售链路

通过巨量算数比价三款商品的关键词进行搜索趋势分析，如图 6-3 所示。调出半年搜索趋势，风扇的增量和整体趋势是最好的，这个商品可选。除此之外是鞋架，最后是菜罩。

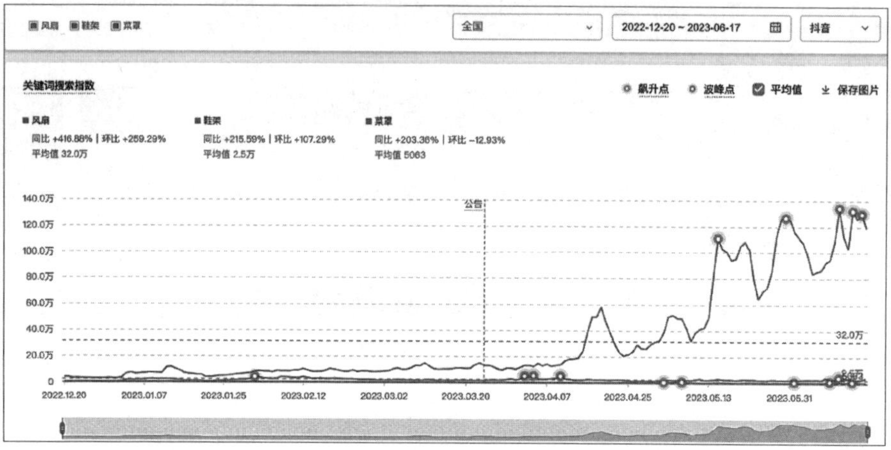

图 6-3　关键词搜索分析

6.1.4　最终选品确认

基于前面的基础调研，通过市场趋势分析，明确最终商品选定优先级：根据巨量算数，明确热销趋势明显增长或稳定的商品；根据价格优势和竞品情况，明确商品盈利空间较高的商品。比如通过前面的调研，最终明确了三款适合微型店铺起步的商品，见表 6-5。

表 6-5　适合微型店铺起步的商品

商品名称	采购价	竞争对手售价	市场趋势
手持风扇	12 元	29 元	季节性强，夏季需求大幅上升
简易鞋架	5 元	12 元	常年稳定
菜罩	15 元	35 元	持续增长

所以，通过抖音巨量算数和利润空间确定选品的优先级为风扇 > 鞋架 > 菜罩。这一步的目的是看这三款商品在抖音商城（货架电商）是否有足够的需求和体量，之后还需要看在兴趣电商这个板块，也就是内容板块，继续分析这三款商品的销售情况，以便确定初步的运营策略。

6.1.5　明确初步运营策略

针对以上明确的选品与定位，初步制定开店后运营策略如下：

（1）初期流量来源。以短视频引流为主，适当投放 DOU+，测试产品转化。

（2）初期促销策略。设置低价引流款（如简易鞋架），以高性价比快速积累第一批客户评价。

（3）供应商策略。采用一件代发，避免前期库存风险，同时积极寻找能提供更优价格和售后服务的供应商。

（4）明确数据指标监测。短视频播放量、互动率、商品点击率、转化率，确定初期运营方向是否需要调整。

6.2　内容和客户画像

运营方向的验证和调整，离不开对内容和客户画像的深度理解。在明确商品之后，下一步是深入分析抖音平台内该商品的内容表现情况及目标客户画像，便于店铺内容创作、精准引流和客户运营。

6.2.1　如何判断商品内容表现

通过抖音平台的巨量算数工具，我们通常会用搜索分、传播分、内容分三个维度来判断一个商品在抖音平台的内容表现。搜索分，即需求程度，主要反映客户主动搜索该商品的热度；传播分，即客户喜爱程度，主要反映客户在互动、点赞、转发中的活跃度；内容分，即内容供应充足性，主要反映抖音平台内容创作者对该类商品内容供给情况。

操作步骤：第一，登录巨量算数，输入关键词，查看商品分析页面；第二，分析搜索趋势，如搜索热度近三个月持续上涨，证明商品需求旺盛；第三，观察内容传播指数，如该指数较低或一般，说明该商品还有很大的内容优化空间。

根据以上指标确定商品是否是高需求、较低内容竞争商品，适合优先布局内容。

从巨量算数中的搜索分、传播分、内容分三个方向来看风扇、鞋架和菜罩综合指数解读，如图 6-4 至图 6-6 所示。

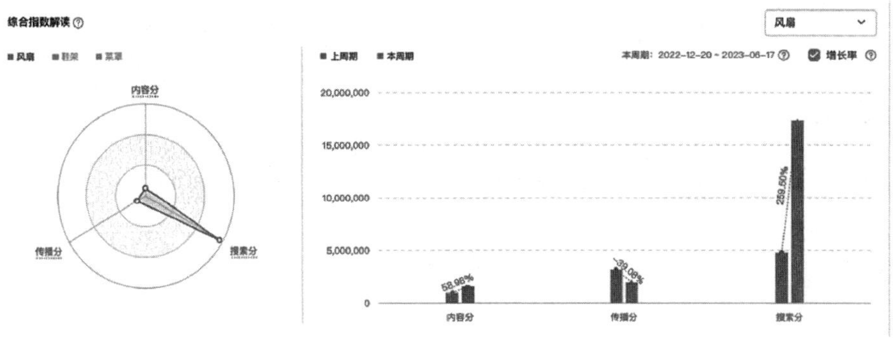

图 6-4　风扇综合指数解读

风扇：搜索分 > 传播分 > 内容分，属于 A 类产品。

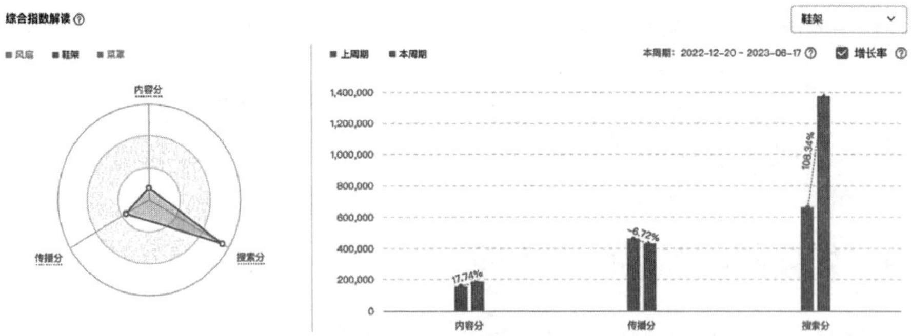

图 6-5　鞋架综合指数解读

鞋架：搜索分＞传播分＞内容分，属于 A 类产品。

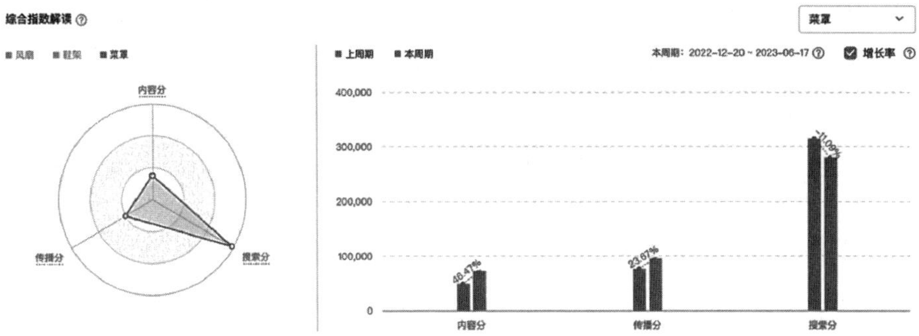

图 6-6　菜罩综合指数解读

菜罩：搜索分＞传播分＞内容分，属于 A 类产品。

通过图 6-4 至图 6-6 可以看出，这三款商品在抖音的搜索分都很高，客户的喜爱程度（传播分）虽然不是很高，但也明显高于内容供给（内容分）。所以，这三款商品从需求和供给角度来看，上架基本没有大问题。

6.2.2　制定详细内容创作策略

在确定了商品的内容表现情况后，下一步要制定详细内容创作策略。

（1）内容定位。根据客户搜索意图，制定内容创作的核心主题，比如商品功能展示（如风力强劲、续航长、便携轻巧等）、使用场景引导（如居家办公、户外休闲场景等）、细分人群专属需求（如学生宿舍、年轻职场人士等）。

（2）内容形式选择。比如短视频创作方向，见表 6-6。

表 6-6　短视频创作方向

内容形式	内容特点	使用场景示例
测评类	客观真实、易获信任	展示风扇实际使用效果和优势
情景剧	生动趣味，易传播	搞笑、趣味、反转内容增加互动
种草类	视觉吸引力强，利于转化	展示产品的细节特征、优势卖点

（3）视频创作模板。比如短视频脚本模板内容包括：视频开头（3 秒内）明确问题或痛点，如“夏天太热，宿舍闷热睡不着怎么办”；商品引出（3 ~ 8 秒）展

示商品细节，突出亮点，如这个手持风扇风力强劲、续航一整天；使用效果展示（8 ～ 20 秒）展示商品在实际场景使用，真人测评表现效果突出；行动召唤[①]（最后 3 秒）引导客户互动，如喜欢的朋友点个赞，购买链接在评论区等。

6.2.3 客户画像实操分析方法

清晰明确的客户画像能够指导内容创作、产品营销策略、提升转化效果。客户画像的构成要素如下：

（1）基础画像。包括性别、年龄、地域、收入水平、职业类型、家庭结构。

（2）行为画像。比如消费偏好、购物频次、产品复购率。

（3）兴趣画像。客户兴趣领域、关注内容标签等。

以手持风扇为例的客户画像，见表 6-7。

表 6-7　手持风扇客户画像

客户特征	客户画像分析	店铺营销策略
性别年龄	18 ～ 35 岁年轻人居多	视觉设计年轻化、时尚化
职业状况	学生、年轻白领、办公室人群	推广办公、宿舍场景使用
收入水平	中低消费能力人群居多	产品定价适中，突出高性价比
兴趣偏好	数码产品、小家电、居家用品	商品文案体现科技感、实用性

使用巨量算数搜索关键词查看商品受众分析：客户年龄分布、男女比例、地域分布；通过蝉妈妈后台分析竞品店铺数据：分析购买客户的历史消费习惯；竞争对手店铺互动情况（评论关注话题和需求）。

前面三款商品的客户画像，如图 6-7 所示，看看究竟是哪类人在搜索这三款商品，对这些商品有需求。调研这个数据的目的是知道这三款商品能不能在同一个店铺销售，如果人群画像一致，就意味着服务的是同一类人，这些人是可以在同一店

① 行动召唤是营销专业术语，在广告和销售中广泛使用，它指的是促使受众立即采取行动的指令，通常以按钮、链接或醒目的文字形式出现。

铺下单不同商品的，有助于我们在店铺做活动。同时，这三款商品有季节性产品，也有非季节性产品，如果在同一个店铺里销售，产品之间在淡旺季也可以互补。

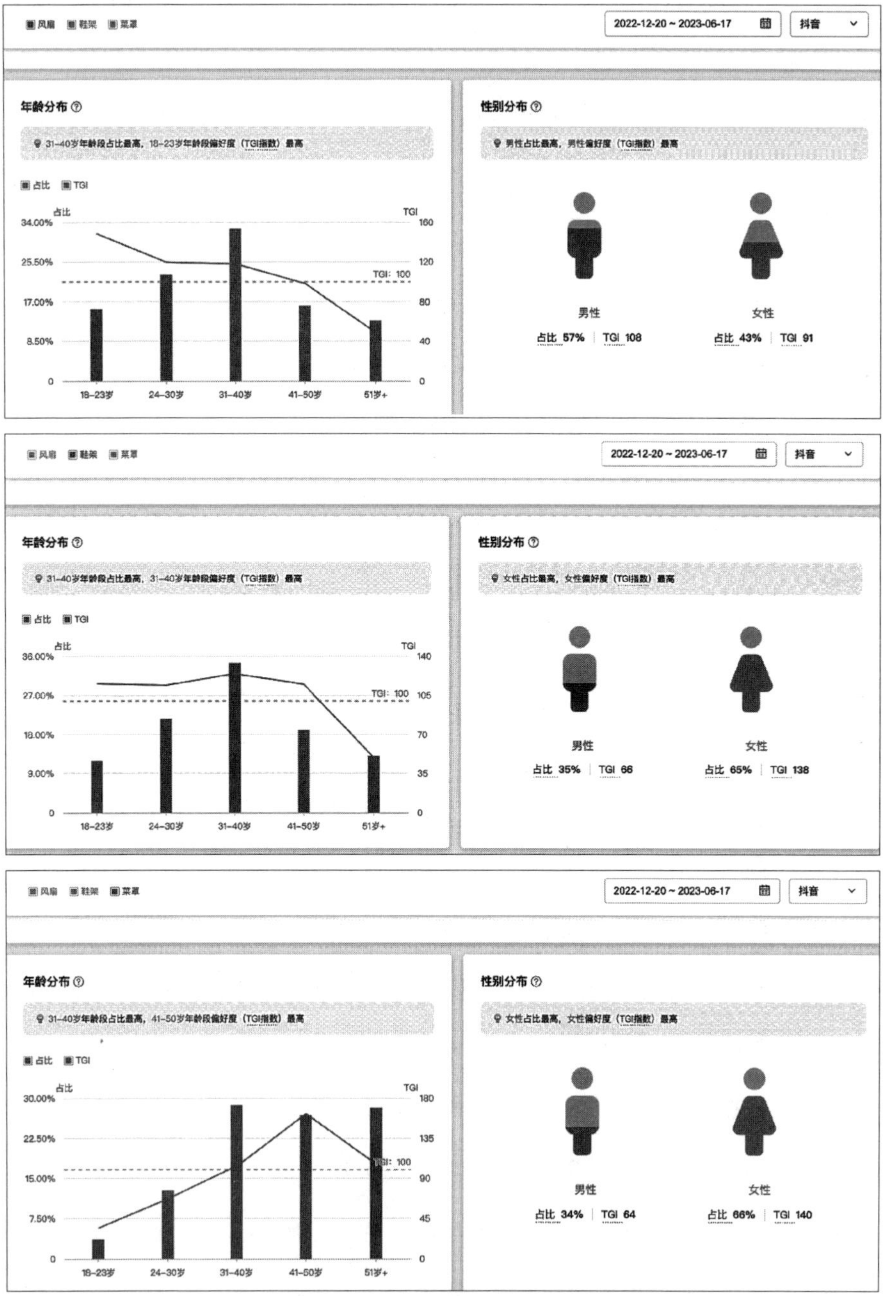

图 6-7　这三款商品的客户画像

通过图中的数据可以看出，客户画像其实是不同的。也就是说，这三款商品服务的客户是不一样的，所以在建立店铺的时候，一个店铺同时卖这三款商品并没有太大的优势。风扇是 30 ～ 40 岁的男性偏好度更高；鞋架是 30 ～ 40 岁的女性偏好更高；而菜罩是 30 岁以上的女性更喜欢。

如果是这样的结果，就需要对这三款商品分别调研，开在不同的店铺里。当然，如果读者有时间，通过第一步的商品基础调研，一定可以找到适合开在同一个店铺的多款商品，只是这里举例仅仅找了三款商品，数量有限。

6.2.4 客户画像店铺应用实例

明确客户画像后，如何具体应用于店铺实际运营中，下面我们以开学季手持风扇促销活动为例，见表 6-8。

表 6-8 开学季手持风扇促销活动方案

营销节点	具体策略
活动主题	开学必备神器，宿舍不再闷热！
价格策略	原价 29.9 元，活动价 19.9 元
活动方式	评论互动抽奖、短视频引流、直播专场促销
推广渠道	抖音短视频、抖音直播带货

（1）短视频创作中应用。根据客户画像，如年轻职场人士为主，短视频内容突出办公必备、高性价比，场景选取办公桌、会议室。

（2）店铺装修和详情页设计应用。风格年轻时尚、详情页清晰简洁，价格突出优惠力度，以满足客户对价格敏感的特征。

（3）运营互动与营销活动。根据客户画像制定促销活动，如学生群体针对开学季做促销活动，年轻职场人士做办公用品组合促销。

接下来，还需要看这些商品是不是有延展性，能够通过一个商品延展出多个商品，成为一个垂直类目中细分市场的店铺。

6.3　延展性调研与竞争对手分析

在选定商品并明确客户画像后，下一步是延展性调研，深入分析竞争对手，为店铺的长期经营和精细化运营奠定基础。

6.3.1　延展性调研

明确一个商品是否适合长期运营的重要标准之一，就是其延展性，也就是该商品是否能围绕核心卖点扩展出一系列关联产品，形成稳定的商品矩阵。

一个好商品要具备三个条件中的至少一条：一是客户会不会分享商品，客户愿意分享给身边人的商品往往都具有较强延展性；二是客户会不会复购，购买后可能再次购买或购买关联商品，可以提升长期盈利能力；三是商品可以延展到其他商品，有更多赚钱的机会，能否围绕核心商品开发出多个相关商品，增强客户黏性。

关联商品举例，见表 6-9。

表 6-9　关联商品举例

商　品	关联商品	延展方向
手持风扇	台式风扇、挂脖风扇、充电电池、替换扇叶	围绕风扇产品打造全品类店铺
简易鞋架	浴室鞋架、鞋盒收纳、玄关置物架	围绕家居收纳打造细分市场店铺

了解了商品延展性的重要性，我们来看一下商品延展性调研工具及实操步骤，通过巨量算数的关联关键词分析，确认商品是否具有良好的延展潜力。

操作步骤：第一步，登录巨量算数，搜索关键词，查看关联搜索关键词图谱；第二步，重点关注关键词搜索图谱中，出现频率高且和主要商品相关的商品；第三步，下载关联关键词列表，确定具有高延展性的商品。

我们通过巨量算数，先看一下案例中这三款商品分别都关联了哪些搜索关键词。点击关联分析，如图 6-8 所示，在这里可以看到搜索这些商品的人还搜索了哪些关键词，之后可以把这些关联关键词下载下来。

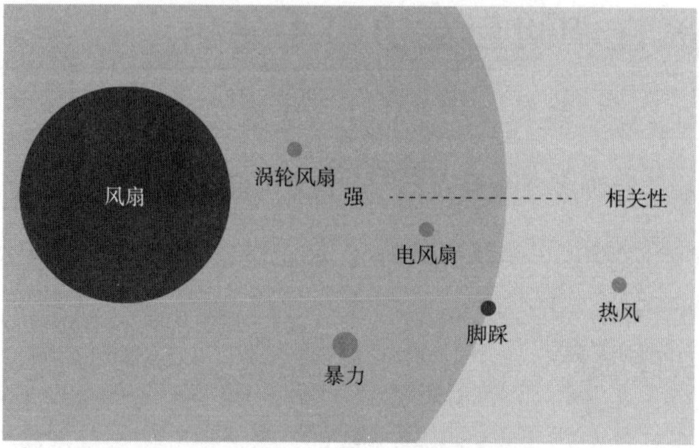

图 6-8　风扇关联词图谱

通过风扇这个商品可以看出大家还搜索了涡轮风扇、电风扇、热风等，也就是基于风扇这个品类还可以做很多类型的风扇。换句话说，我们可以根据风扇这个商品，开一家专门卖风扇的店铺，以增加我们店铺的专业度。

鞋架这个关联商品就更多了，如图 6-9 所示。浴室拖鞋架是延伸出来的商品，客户买了入户门的鞋架，是不是也可以在店铺买浴室里摆放的拖鞋架。一旦商品的类型丰富了，一定会增加复购的概率。其他还有鞋架收纳、鞋柜等，都是可以延伸出来的商品。

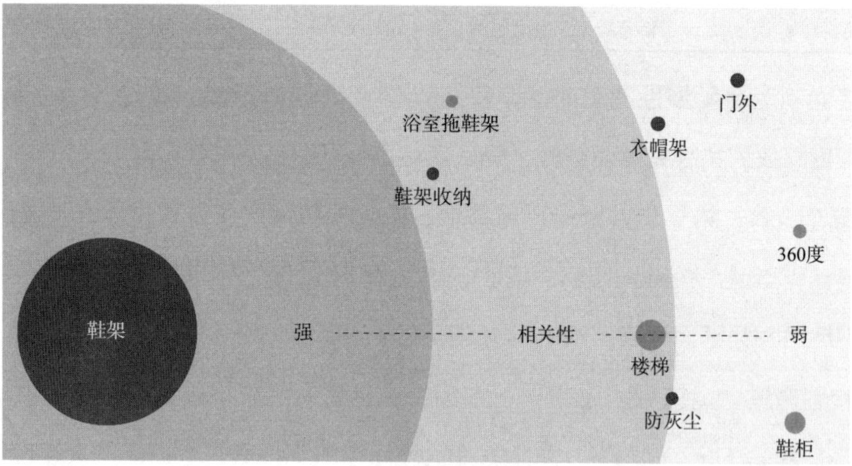

图 6-9　鞋架关联词图谱

菜罩也一样，如图 6-10 所示，还有加热菜罩、镂空菜罩等，有很多不同类型的菜罩可以填充店铺。

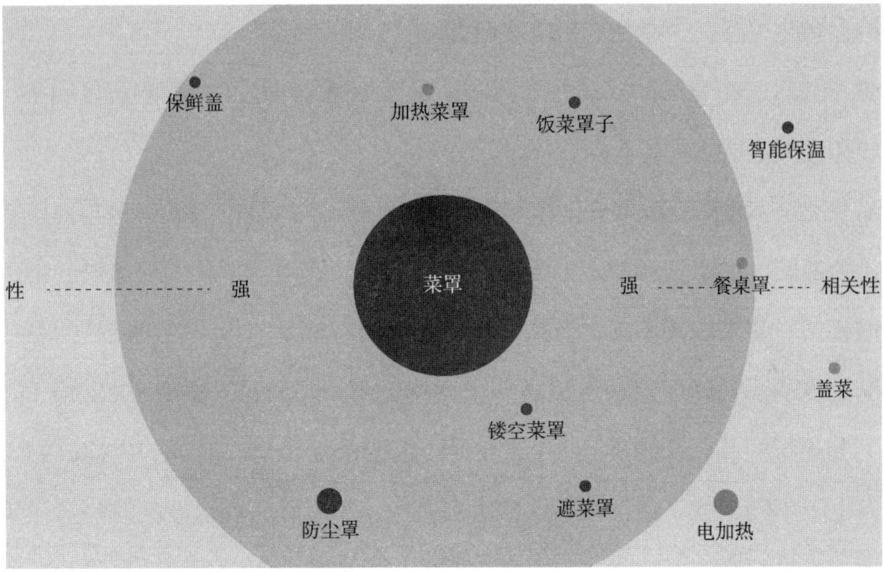

图 6-10　菜罩关联词图谱

6.3.2　竞争对手分析

明确竞争对手的流量来源和销售渠道，有助于确定自身店铺初期的流量布局。通过蝉妈妈后台，查看竞争店铺近 30 天的流量结构，明确主要流量入口。

具体分析步骤：一是蝉妈妈后台输入竞争店铺名称，查询流量来源占比（如达人带货占比、店铺自播占比、短视频引流占比）；二是根据数据确定竞争对手的流量薄弱环节，如店铺自播占比很少。如果竞争店铺 70% 以上流量依赖达人带货，店铺自播占比不到 5%，我们可以选择主攻自播和短视频渠道，快速建立差异化流量优势。

竞争对手的分析，需要从流量和转化两个方面进行分析。由于篇幅的原因，这里只拿风扇这一个商品来做详细拆解，其余两个商品操作的思路和步骤是一样的。

1. 竞争对手的基础分析

首先用销量排序统计竞品的店铺名称，然后逐一剖析这些店铺的基础信息、流量结构、转化思路，去看他们是怎么做的。

这里先以一个竞品的店铺作为例子，在实际操作过程中拆解的竞品越多，对整个行业和品类的认知就越清晰。

我们首先找到销量第一的对标店铺，看一下这家店铺的基础信息与自己店铺的情况是否匹配，如果竞品的实力太强，可以不作为参考对象。如果这家店铺跟我们的思路相仿，整个店铺不超过五款商品，而且全部都是风扇，销量最高的是我们拟选定的这款商品；如果这家店铺是一个个体工商户，经营天数小于 120 天的新店，开店不到半年时间，风扇卖了 10 万多台，很明显就是可以对标的店铺；如果这家店铺只上了不到十款商品，除了这款风扇销量还可以外，其他商品的销量一般，可以断定这不是厂家的直营店，也不太可能是一个有实力的贸易商，有可能是一个一件代发的店铺。

2. 全面拆解竞品的流量结构

如果想知道对手为什么卖得这么好，就要摸清他的整个成交链路。首先要清楚他的流量是怎么来的，最大的销售入口是哪里，是短视频还是直播带货，或者是商城，他都与哪些达人产生了合作，哪些达人带货的效果好。这里需要通过一些工具进行排查。比如我们通过蝉妈妈找到了这家店铺，如图 6-11 所示，通过基础分析可以看出这家店铺近 30 天主要是通过达人带货的形式在做流量，几乎没有品牌自播和店播。从销售方式上说，商品卡或者商城也是其销售的一个渠道。

在招聘网站也没有找到该主体个体工商户的招聘信息，没有直播也没有短视频，可以断定这个店铺的运营人员不多，可能就一两个人，大概率是一家一件代发的店铺。

图 6-11　用蝉妈妈查找店铺

既然这个店铺是通过竞选联盟达人带货的形式销售商品，就看一下有哪些达人给这家店铺带过商品，如图 6-12 所示。

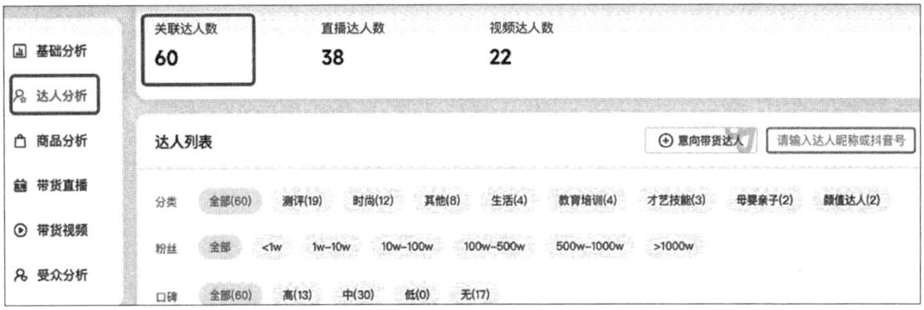

图 6-12　达人分析

通过达人分析可以看出有 60 个达人给这家店铺做了直播带货，主要是依靠直播这个渠道。接下再来分析这些达人的直播间，如果是通过短视频带货，也可以分析达人的短视频脚本是怎么写的，可以参考第五章的相关内容。顺便提一下，这里还有一个受众分析，由于之前在巨量算数获得的是与内容偏好有关的数据，而这里更多的是有关购物成交的数据，所以这里的数据对受众分析也有一定的参考价值。在受众分析这个环节，我建议用巨量算数、抖音热点宝、第三方软件都对比一下，尽量把误差降到最低。

将这 60 个达人的信息统计出来后，需要有针对性地看竞争对手的精选联盟佣金是怎么设置的。从图 6-13 中可以看出这个商家的佣金率是 40%，并且达人的短视频和直播切片也有创作灵感，同时关联了热点话题，可以下载下来进行借鉴。最重要的是，这家店的发货地在广东省，而商家的营业执照显示注册地不在广东省，可以确定这是一家一件代发的店铺。

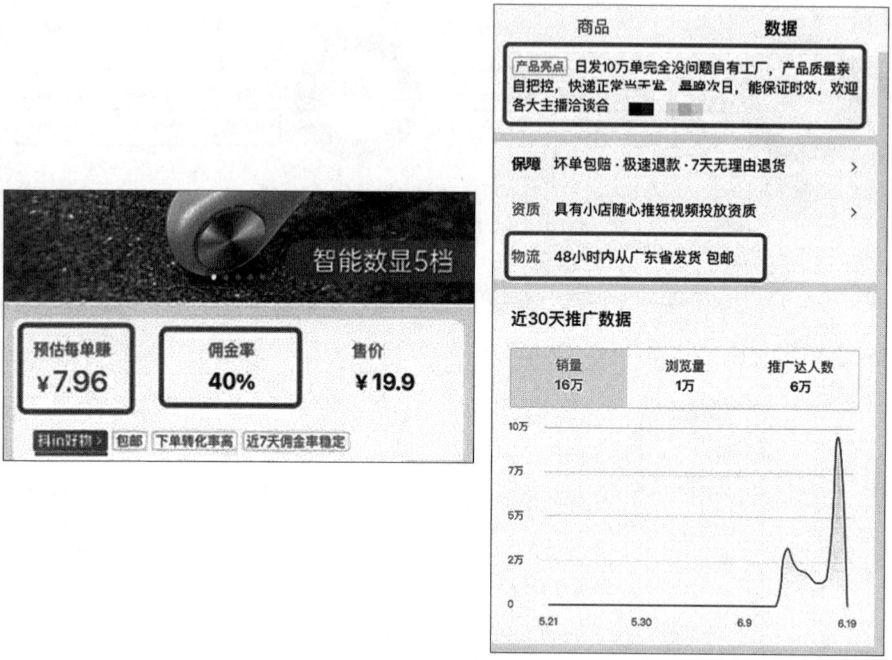

图 6-13　竞争对手店铺电扇的佣金率及 30 天推广数据

了解到竞争对手的佣金率，可以测算出竞争对手的采购价格（成本价）是多少，以便我们在找供应商采购的时候有一个参考。

接下来是对商品卡（货架电商）的流量分析。如果已经开店，可以通过抖店后台的竞品分析来看。对比自己店铺与竞品之间流量入口的区别，哪些需要优化，哪些需要巩固一目了然。

3. 观察转化和交付效果

通过以上分析，基本上竞品的流量来源、客户人群画像也掌握得差不多了，之后就需要去看客户的转化效果。什么是转化效果呢？我们需要看详情页是怎么描述的，售后保障有哪些，最重要的是客户对商品的评价是什么，满意的点是什么，不满意甚至差评的原因是什么，体验分是多少。这样，我们就可以更全面了解竞品的商品、服务、售后等信息，客户的痛点什么，是什么吸引他们购买了竞品的商品，竞品有哪些不足。我们可以将这些作为切入点。这是模仿借鉴的最后一环，也是最重要的一环。

如图 6-14 所示，这家店的体验分是 4.88，超过 90% 的竞争对手，说明商家的交付能力还是很优秀的。

图 6-14　综合体验分

通过对这款商品评价调研，如图 6-15 所示，我们发现，这款商品销量较高、评价不多，基本都是好评，商品力还是不错的。好评基本集中在诸如物美价廉、描述相符、物流很好等方面，这些优点在做新店的时候是需要继承的；而差评主要是在户外使用时的待机时间太短这一方面。

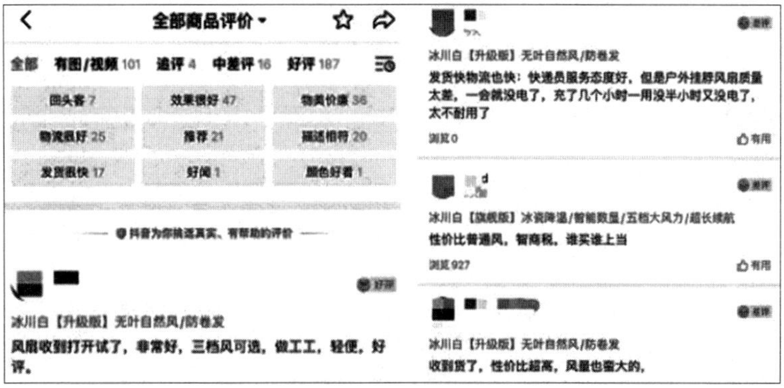

图 6-15　商品评价

在店铺详情页里可以看到更多的是强调解放双手，并且还有一些科技感。而详情中最大的一个败笔是在描述的图片中加入了太多的户外场景，如果待机时间不够长，其实对客户是一种误导，认为在户外也会很方便，导致因电池充电问题而带来的差评。

我们再来看商家的 SKU 设置和整体店铺的商品结构，如图 6-16 所示。

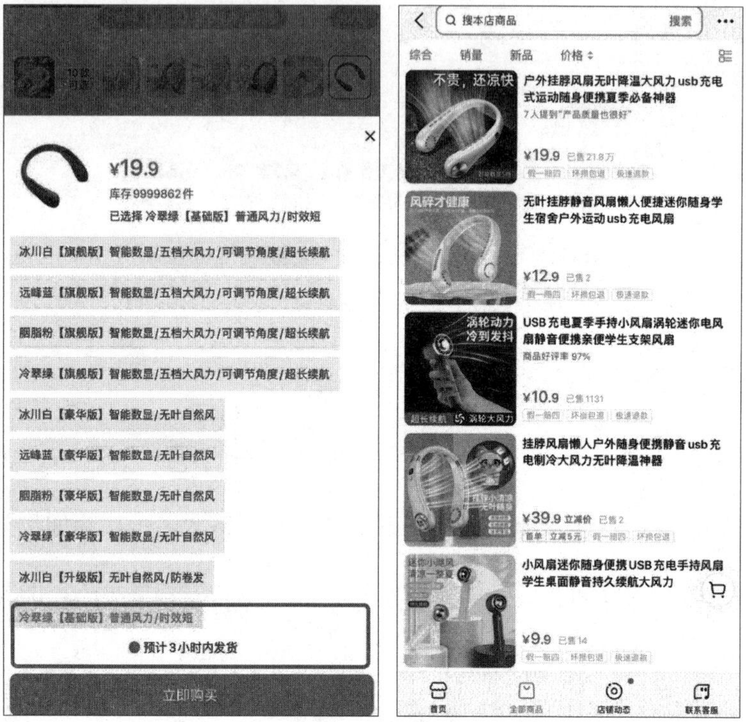

图 6-16　SKU 设置和店铺的商品结构

这家店铺应该是在运营后通过客户反馈，发现了电池续航时间的问题，所以在 SKU 设置上加上了续航时间的解释，有续航差的基础版和超长续航能力的旗舰版，价格带在 19.9 ~ 49.9 元。根据系统的大数据推测，这家店铺的履约能力非常强，可以在客户下单后的 3 小时内发货，其实就是 3 小时内能更新物流运单号，这一点也是影响转化率很重要原因之一。店铺商品结构是以风扇作为主线，延展到手持风扇，台式风扇等。

4. 总结

以上是对这个对标商家的全部调研，下面简明扼要做一下总结：

（1）从基础调研上来说，这是一家一件代发的个体店铺，团队规模不大，应该在 5 人以下，客户画像是以 30 ~ 40 岁女性为主。

（2）从商品上来说，商品是以风扇为主线，挂脖风扇为引流款和爆款，这也是受限于团队规模没有办法复制太多爆款的原因；而流量上由于以达人带货为主，佣金率 40%，定价最低（引流款）是 19.9 元，可以算出引流款的采购价格应该在 11.94 元（19.9−19.9×40%）或以下。这个价格比之前在拼多多找的价格还要低 3 元左右。

（3）物流的发货时间是非常快的，在 3 小时以内。

（4）详情页的描述强调解放双手、科技感，缺点是场景有户外，但这一点在 SKU 设置上已经得到了完善。

将这几个维度总结成表，见表 6-10，方便我们制定运营策略。

表 6-10　调研总结表

分析维度	优势（借鉴）	劣势（改进）	我方策略
商品力	价格便宜款式多	续航能力差	推出续航加强版 SKU
流量渠道	达人带货效果明显	店铺自播薄弱	强化自播内容布局
服务体验	发货速度快	一件代发质量不稳定	明确供应商选择，提升产品质量控制

6.4　运营策略与财务预算

在完成了商品选择、市场调研和竞争分析之后，下一步我们需要制定明确可行的运营策略，并进行详细的财务预算规划。

6.4.1 明确具体运营策略

根据调研做 SWOT 分析[①]，看看机会点在哪里。对标的劣势是：团队规模小，商品待机时间短（引流款），无法监控发货流程，佣金高利润低，流量获取方式单一。

在商品上，尽量使用待机时间长的商品做引流款，或者丰富商品线，比如增加充电线作为赠品，或者把充电线作为一个引流商品加入 SKU 的设置。同时，在价格上能比竞品更有优势。

在流量端上有两个策略：一是用更高的佣金，去截流，与竞品抢达人；二是开其他的流量获取渠道，比如 2023 年开始，抖音强推的商城，以及店铺自播，短视频借鉴带货达人的脚本自拍，必要时投放 DOU+。我更推荐后一个策略，避竞品其锋芒，开拓新渠道，同时提升利润率。

竞争对手的优点和缺点，见表 6-11 所示。竞争对手的优点我们要继承和发扬，竞争对手的劣势我们要补充和优化。

表 6-11　竞争对手的优点和缺点

调研维度	基础信息	商品力	物流履约方式	服务体验	流　量
优势	成本低	好评率高	发货快	—	达人带货
劣势	团队规模小 无法规模复制爆款	待机时间短	一件代发 无法监控发货流程	—	佣金高利润低 流量获取方式单一
自有店铺策略	个体	做同款 加入数据线作为商品赠品，或 SKU 引流款，比如以风扇为主线，延展商品线	一件代发	—	做商城 店铺自播

① SWOT 分析又称为态势分析，是一种能够较客观而准确地分析和研究一个单位现实情况的方法。SWOT 分别代表：strengths（优势）、weaknesses（劣势）、opportunities（机遇）、threats（威胁）。

具体运营渠道布局如下，

（1）短视频运营策略。明确每周至少发布3～5个短视频，测试不同内容形式。利用 DOU+ 低成本推广，测试视频内容吸引力，优化内容方向。

（2）直播带货策略。每周固定至少 3 次直播，培养客户观看习惯。制定明确的直播促销方案（如限时抢购、优惠券发放），提升实时转化效果。

（3）达人带货策略。在精选联盟中，适当设置较高佣金（如 30% ～ 40%），吸引达人推广。定期统计推广效果，优先长期合作效果显著的达人。

（4）商城运营策略（货架电商）。设置引流款商品，低价拉新积累评价。建立完整的商品详情页，突出卖点及优势。

6.4.2　供应商选择与谈判技巧

要明确选择供应商的标准，见表 6-12。

表 6-12　供应商选择标准

供应商选择标准	说　明
商品质量	要求提供样品检测，确保质量稳定
价格优势	价格适中，留出足够利润空间
发货时效	能确保订单发货及时性，减少客户投诉
售后保障	明确退换货规则，减少纠纷风险

我们以风扇为例，用第三章提到的方法在拼多多或阿里巴巴上寻找供应商，建议以价格和销量排序，毕竟选供应商一看价格，二看实力。建议采用以图搜图的方式搜索结果，如图 6-17 所示。

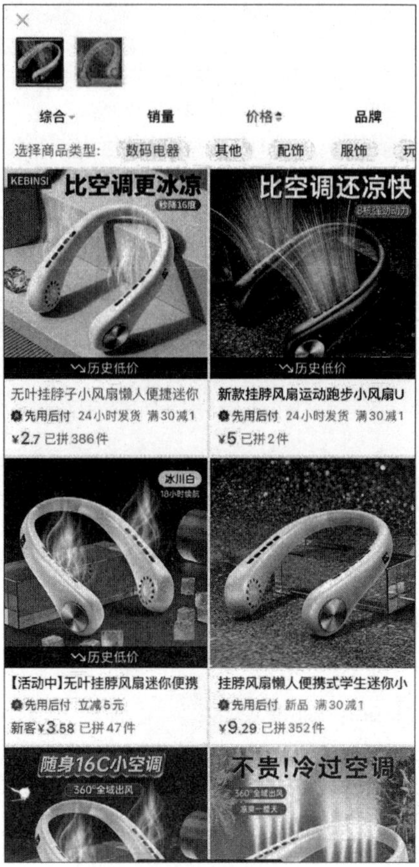

图 6-17　寻找供应商

把这些供应商统计下来，挨个建联，如通过阿里巴巴平台询价：

第一步，初步询价。

“您好，我们是想要长期合作的电商客户，每月稳定订单，能否报一下您的出厂最低价及供货能力？”

第二步，议价与合作确认。

“我们已和几家风扇供应商接洽，但您家的质量和售后很有竞争力，如果价格能再优惠一些，我们可以长期稳定合作，初期每月 500 单，后期逐步增加到 1 000 单以上。”

把支持一件代发的供应商筛选出来，采购回来看一下商品，之后在发货的时候标注好是哪一家发的，以求找到那个与自己最契合的供应商。表 6-13 是依据图 6-16 的内容找到供应商信息列出的表单，为其中单个商品制作出的供应商采购利润结算表。

表 6-13　供应商采购利润结算表

品名	SKU 设置	图片	所用	采购价（元）	定价（元）	利润（减赠品成本）	利润率（精选联盟最高佣金率）	拼多多采购链接	商家名称	备注
风扇	数据线（赠品勿拍）	略	商城引流款（无转化）	2.7	8.9	—	—	略	略	赠品
	基础版（2 小时续航）	略	引流款	14.3	18.9	1.9	10%	略	略	略
	旗舰版（24 小时续航）	略	利润款	26.9	48.9	20	40%	略	略	略

6.4.3　财务预算模板与成本控制

最后一步是进行财务预算，制定盈亏平衡线，明确的财务预算有助于掌控成本，降低风险，提升店铺运营的安全性。由于是一件代发，不需要自己囤货，降低了采购成本（如果跟供应商谈得好，说不定还会有账期），所以店铺可以是个体工商户，省去了记账和银行管理费用。这样实际支出只有店铺保证金、手机月租费、工资、房租，以及店铺所需的一些工具费用。运营期间如果做付费推广，则需要一些浮动的推广费用。表 6-14 是一个财务预算的模板，仅供参考。

表 6-14　财务预算模板

成本项目	具体费用（元 / 月）	备　注
店铺保证金（一次性）	5 000 元	押金，可退还
固定运营成本	房租：1 500 元；手机月租：100 元；人员工资：5 000 元	固定开支
工具使用费	快记师：50 元；巨量算数：150 元；蝉妈妈：100 元	月度必备工具
营销推广费用	短视频 DOU+ 推广：2 000 元	初期流量引流预算
商品采购成本	按订单一件代发，无库存压力	无固定囤货成本
合计	约 8 900 元 / 月（首次启动约 1.4 万元）	确保运营顺畅

下面我们来做盈亏平衡分析，假设以基础款手持风扇为例（利润约1.93元/单）计算盈亏平衡点。

每月固定成本为8 900元，盈亏平衡销量约为：

8 900元 ÷1.93元/单≈ 4 611单/月

如果推广顺利、单品毛利率提高至5元，则盈亏平衡销量为：

8 900元 ÷5元/单 =1 780单/月

这样更易实现盈利目标。

通过盈亏平衡线的测算，也可以预估竞争对手有没有赚钱，大概一个月赚多少，同时预估一下自己开这家店的可行性。如果按照这个成本结构，每个月最好的情况卖1 780单可以解决成本，最差的情况要卖4 611多单，然后计算一下手上的现金流，能支持多久。

6.4.4 成本控制技巧

我建议大家在做新项目的时候，要准备6 ～ 18个月的现金流。什么概念呢？在6 ～ 18个月即便是一个订单都没有，也不会影响日常的开支。虽然基本上一个电商的新项目，把时间、精力投入进去3个月之内必出结果，但肚里有粮心里不慌，不慌的时候，人就不容易动作变形，心态就不会急。

除此之外，还可以在营销推广、供应链、数据工具等环节上，对成本和费进行管理和控制。在营销推广环节方面，可以逐步测试短视频内容效果，避免一次性大量投放，或者优先选择低成本引流渠道，如自然流量、自播；在供应链成本方面，可以选择长期稳定合作的供应商，争取账期付款，提升资金利用效率，同时通过谈判降低采购价格或赠送赠品，提升商品竞争力；在数据工具方面，前期选择性购买必备工具，规模扩大后再逐步增加投入。

如果调研没有问题，可行性分析及风险也可以承受。接下来要做的事情是执行，毕竟很多问题都需要在执行过程中进行调整和优化。

附　录

附录 1　粉丝关注的问题

1.1　抖音电商未来发展趋势

我们可以参考淘宝、天猫的成长轨迹去判断抖音电商未来的发展趋势。最早期淘宝是借助互联网红利赢得了线下的门店流量和商家资源，它在飞速增长的时候，几乎是闭着眼都在赚钱；中期流量红利结束，当商家饱和不再增长的时候，淘宝开了天猫去扶持淘品牌和大卖家，之后能赚钱的几乎都是非常细分、垂直的领域。因为网络平台内卷太严重，流量获取成本太高，商家普遍赚不到钱，尤其是中小卖家。这个时候拼多多出现了，抖音也出现了。

抖音目前的阶段是淘宝最早期的情况，而它抢夺的市场份额来自淘宝和京东等平台。附图 1-1 是 2024 年雪球、中金公司、新浪财经等公开数据公布的当年国内电商平台市场份额的排名情况，可以看出抖音近几年的市场份额增长最快，首次超过京东，成为国内第三大电商平台。附图 1-2 是近几年电商平台 GMV 的增长情况，以阿里为代表的货架电商，虽然体量最大，但增长乏力，市场份额被蚕食的也是最多。

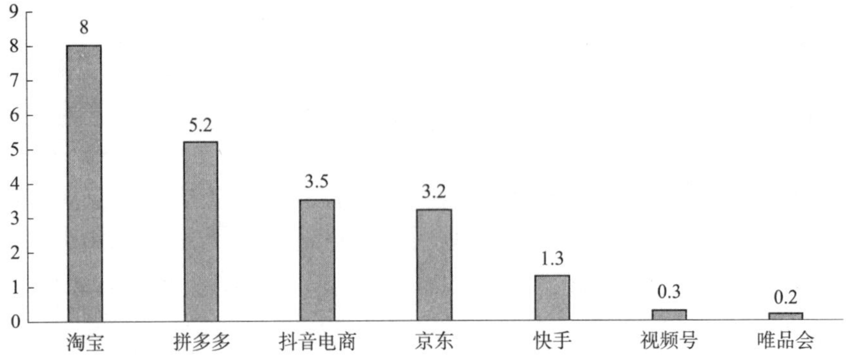

附图 1-1　2024 年中国主要电商平台 GMV 数据（单位：万亿）

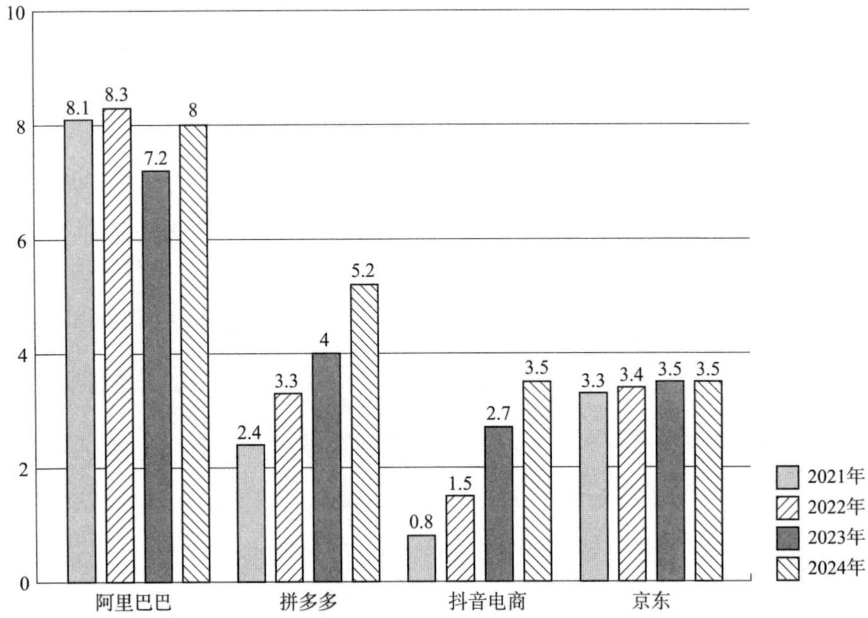

附图 1-2　国内电商四巨头 2021 ～ 2024 年 GMV 对比（单位：万亿）

但大家都在同一纬度竞争，即线上与当年淘系抢夺线下流量的竞争环境不同，这轮竞争一定会互相拉扯，但大趋势应该不会变。所以，我们只需要观察各个平台的发展趋势，只要抖音的份额在增长，增长的部分都会抵消掉内卷的压力，这个阶段可以尝试做抖品牌或者更多关注细分、垂直的领域，去跑赢在淘宝已经被验证过的赛道。即便是到了内卷很严重的时候，也不用担心，一定会像淘系内卷时期一样，出现第二个拼多多、第二个抖音去消化已经内卷得很严重的平台。要相信，赚钱的机会是一直存在的，只是我们能不能拥抱变化的问题。

1.2 如何选择合伙人

我不太建议在早期阶段就找合伙人，“0”到“1”的过程一定要自己完成。因为有了合伙人，一定会有方向上的拉扯，如果赚不到钱，大概率是互相甩锅，最后可能连朋友也做不成。如果自己走过了“0”到“1”这个过程，再去找合伙人，在合作过程中会有更多的话语权。

找合伙人谨记的两个要点：

（1）价值观相符。大家的目标是一致的，不会做一些出格的事，比如吃里爬外，这事说起来有些离谱，但是在商业社会遇到的概率是很大的，即便不是个人主观的问题，但架不住诱惑太大。所以，要预判合伙人的底线，价值观就是底线。

（2）能力互补。能力互补分两点：一是能力互补，或者时间互补。二是彼此间能不能理性沟通。第二点我觉得特别重要，找合伙人就像找老婆，哪有不吵架的，大家这么近的距离，天天接触，完全理性沟通没有情感上的互动是不健康的，争吵完后还能在一起，该干什么还干什么才是最重要的。

1.3 老员工该如何转型

如果老员工确实没有办法跟上节奏，在学习培训后都没效果的情况下，有条件就给个闲职，没条件也只能放弃，但在辞退的时候一定要给足钱。我很推崇这样一句话：“务虚的事情要务实地去做，务实的事情要务虚地去做。”这句话用在这里怎么理解呢？这就是业绩是很务实的东西，如果员工的业绩完不成，我们是不是应该先谈心——情感沟通，了解具体问题出在哪里，是业绩定得太高，还是市场问题，或者是培训不到位，不能说扣钱就扣钱，说辞退就辞退，而是该培训的培训，该调整指标就调整指标；最务虚的方面就是价值观，如果只是嘴上说说，就是空话，必须落到实处。比如电商的价值观是客户第一，具体的行为方式是什么呢？有客户来反映问题，不是自己的客户，要不要主动热情地接待，并且帮助客户解决问题呢？这些都要纳入员工的日常考核，才算是把务虚的内容务实地去做。所以，管理不能毫无章法，冷冷冰冰毫无人情味。

附录 2　电商人员需要掌握的专业术语

2.1　抖音电商须知的 100 个专业术语

1. 起号

释义：“0”到“1”，启动一个直播间，并使其能稳定卖出商品的过程。目前主流的起号方式：一是活动起号，通过各种福利、促销活动，拉起直播间数据进而实现冷启；二是短视频起号，通过优质短视频，获取系统自然流量，为直播间导流；三是千川单品起号，通常通过优质的短视频素材进行千川投放，用付费流量完成直播间冷启动。

2. 三频共振和四频共振

释义：三频共振是指短视频爆了、直播间爆了、东西卖爆了，三者之间互相影响；四频共振是指短视频、广告投放、直播间、商品四个元素互相影响。

3. 七天螺旋起号

释义：一种起号玩法，通常指让您的直播数据在 7 天内，每天都螺旋递增。

4. 连爆和瞬爆

释义：连爆是指短视频爆量，连带直播间爆量；或者直播间爆了，连带短视频爆量；瞬爆是指给一个视频或直播间，同时投 N 个广告。

5. 个人 IP

释义：个人知识产权或个人品牌。IP（intellectual property，知识产权）是一种虚拟符号，包括明星达人的达人 IP 及各类行业专家的专家型 IP，有名气、有强信任度、有强粉丝黏性。

6. 算法

释义：抖音系统分发短视频或者直播时，采用的计算机制。

7. 标签

释义：系统给客户、内容（短视频、直播间）贴上的关键词。从直播带货角度通常可分为三类：一是基础标签，如年龄、性别、地域等基础信息标签；二是兴趣标签，如美妆、旅游、汽车等浏览兴趣；三是交易标签，如下单商品种类、平均下单金额、下单频次等。

8. 养号

释义：模拟一个正常客户使用抖音，让系统不要认为您是来捣乱的。账号运营需要真实行为，各种通过小手段，提升新号权重的行为，99% 是无效的。养号是模拟真实客户的正常行为，刷视频直播、评论互动等，通过构建兴趣标签告诉系统我是一个正常的账号。权重提升的本质是内容价值与用户信任的积累，非短期行为模拟。

9. 流量池

释义：基于流量的需求，引入各类在线供给，形成交易，获取收益。比如：短视频和直播的流量池是独立的，目前抖音短视频日活跃客户 6 亿 +，直播日活 2.5 亿 +；据多人的经验推断，短视频和直播的流量池都可以分成八个等级，如附图 2-1 所示；三是不要太在意这些流量池的数值，因为算法一直在变，知道大概的区间即可。

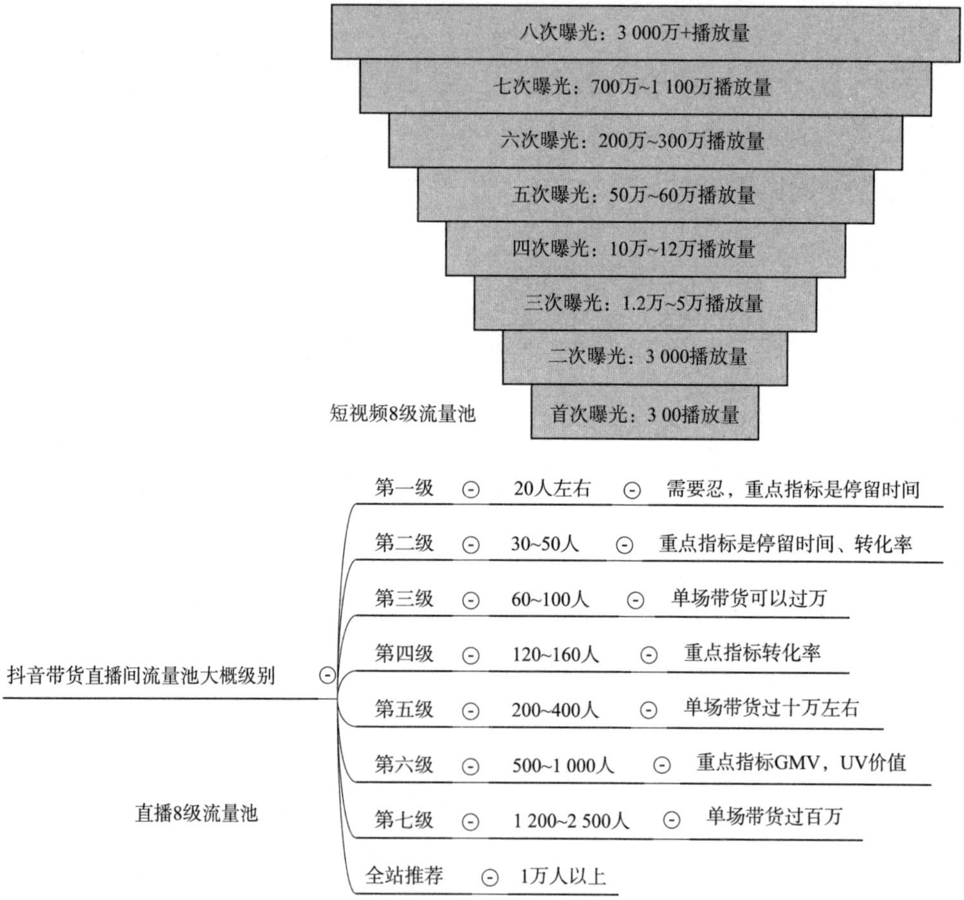

附图 2-1　短视频和直播的流量池

10. 权重

释义：权重是一个相对的概念，是针对某一指标而言。比如短视频、直播间流量层级均有八个层级。权重越高，初始层级越高，影响权重的要素，短视频为完播率、互动率、转粉率等。

11. 限流和断流

释义：被关了小黑屋，限制推送流量，甚至不推送流量。

12. DAU 和 MAU

释义：DAU（daily active user，日活跃客户量），常用于反映网站的运营情况；MAU（monthly active user，月活跃客户量），这是一个客户数量统计名词，指网站月活跃客户数量（去除重复客户数）。

13. 直播推荐

释义：根据个人兴趣爱好、观看习惯和喜好进行推荐的一种方式，或者直播间出现在推荐页中。

14. 直播广场

释义：抖音平台上的一个功能页面，汇集了各种直播内容，客户可以通过它发现并进入不同的直播间。抖音的直播频道，入口一直在变化，目前已并入“关注”Tab 中。

15. 卡直播广场

释义：卡，早期是指频繁地开播再下播，后来流行不断播。这个词本来是指用各种非常规技术手段，吸引大量看热闹的人停留在直播间，以此试图影响抖音算法，让其误判这个直播间内容优质，继续推送更多流量过来。后来也泛指用各种正当手段（如赠送礼物、抽奖或创新直播形式）吸引观众停留直播间的行为。

16. 完播率

释义：视频的播放完成率，即完整播放次数占所有播放量的比例，是衡量一个视频质量的重要指标之一。完播率越高，系统认定这个视频质量就越好，系统推荐的流量就越多。

17. MCN

释义：MCN（multi channel network，网红孵化中心），专业培养和扶持网红达人的经纪企业或机构。

18. 消耗

释义：已花费的广告费。

19. OCPM

释义：OCPM（optimized cost per mille）是一种广告出价模式，按照广告千次曝光来进行计费的，是广告系统经过预估点击率和转化率的分析后，向最有可能发生转化的客户展示广告，保证转化成本尽可能或者低于广告主的目标出价。

20. ECPM

释义：ECPM（effective cost per mille）是指每千次展示可以获得的广告收入。它是用来反映网站或广告位盈利能力的一个参数，但并不直接代表实际收入。

21. 巨量千川

释义：抖音旗下的电商广告平台。它为商家和创作者们提供抖音电商一体化营销解决方案。通过打通抖音账号、抖音小店、巨量千川的账户、资质、资金，提供一键开户和便捷管理，实现商品管理、流量获取、交易达成的、体化营销，降低投放和管理成本，有效提升电商营销效率抖音电商广告的一站式平台。

22. 巨量引擎

释义：抖音旗下的数字化营销服务平台，致力于让不分体量、地域的企业及个体，都能通过数字化技术激发创造、驱动生意，实现商业的可持续增长。

23. 巨量百应

释义：抖音电商平台官网。

24. 巨量星图

释义：找抖音达人合作的官网。

25. 巨量云图

释义：管理广告投放人群数据的平台。

26. 巨量算数

释义：抖音旗下内容消费趋势洞察品牌，是各类数据分析及行业报告发布平台。

27. 巨量学

释义：官方各类在线教程和学习中心。

28. 豆荚（DOU+）

释义：抖音非电商类自助广告投放工具。

29. 随心推

释义：抖音电商广告自助广告投放工具（DOU+ 投不了电商类广告，只能用随心推投放）。

30. Feed、Feeds Live

释义：Feed 此前是指信息流广告，目前电商类投放已基本被巨量千川广告取代，只能投放非电商行为类商业广告。Feed Live 是指通过在抖音推荐流内为直播间加热的方法，提升对抖音原生直播间的客户观看热度，它是一种承诺曝光量的品牌广告，多用于达人投放。

31. 引流款 / 福利款 / 利润款 / 战略款

释义：直播间不同商品的分类。引流款一般与其他三款商品不能是替代关系，以免影响正常售卖。

32. 客户定向

释义：投放广告时，选定的筛选条件一般包括年龄、性别、地域、兴趣等。

33. 达人相似

释义：投放广告时，选择投放给指定大 V 的粉丝，一次最多可以指定 20 个抖音号。

34. 徕卡定向

释义：投放定向中，选择行为＋兴趣定向。

35. 通投

释义：采用系统智能定向，即不人为设定任何定向。

36. ROI

释义：ROI（return of investment，投资回报率），通常指广告消耗 / 广告直接销售金额的比值。

37. ACU

释义：ACU（average concurrent users，平均同时在线人数），通常指直播间平均在线人数。

38. GMV/LTV

释义：GMV（gross merchandise volume，商品交易总额），通常指直播间商品销售总金额；LTV（life time value，客户终生价值）。比如客户在您那里买一次商品，客户是GMV；客户这一年、这一辈子都在您这买商品，客户是LTV。在流量红利逐渐消失，获客成本逐年上升的当下，要从GMV思维过渡到LTV思维。

39. CTR

释义：点击率。没加前缀，通常指直播间的点击率，也可以指小黄车点击率。

40. CVR

释义：转化率，即直播间成交人数/直播间客户人数的比值。

41. 直播间 PV/UV

释义：PV（page view，页面浏览量，指观看人次）；UV（unique visitor，独立访客，指观看人数）。

42. UV 价值

释义：UV价值是指每一个独立访客对网站的价值。通常指直播间销售总金额/直播间总客户人数的比值，即平均每人下单金额。

43. PCU

释义：PCU（peak concurrent users，最高同时在线人数），通常是指直播间在线人数最多的数值。

44. GPM

释义：GPM（global product marketing，平均每千名客户产生的订单总金额），广泛用于评估直播带货的效果。GPM 的值越高，说明直播间在销售产品或服务时能够保持更高的利润水平。

45. ARPU

释义：ARPU（average revenue per user，每个客户的平均收入），用于衡量电商业务收入的指标。

46. 憋单 / 放单

释义：比如：让一堆人在您的直播间等着买或是抢福利，叫憋单；喊完五四三二一，让大家赶紧去抢，叫放单或打单。

47. 选品 / 组品 / 排品 / 过品（过款）

释义：比如：一个早点铺，选择卖豆浆、油条、包子，不卖面条、烧饼，叫选品；豆浆 2 元，油条 1 元，豆浆＋油条一起买 2.5 元，叫组品；先卖豆浆、油条，先卖其他早点。卖完了才卖包子，叫排品；有人买了豆浆，商家问一句要不要买油条，可以优惠 0.5 元，叫过品。

48. 人设

释义：人物设定，即赋予人物的身份、性格、爱好、代表符号等。

49. 直播切片

释义：直播的同时，不断地拍摄并发布直播现场的短视频。

50. 蓝 V/ 黄 V

释义：企业认证的抖音号为蓝 V；个人（专家大 V）认证的抖音号为黄 V。

51. 抖音小店

释义：在抖音上开设的店铺，一个营业执照能开一个店，可以卖营业范围内的商品。

52. 商品橱窗

释义：商品橱窗是一个商品分享的功能，在抖音号上开设的带货工具，对应的是个人身份证号。一个身份证号可以开一个橱窗，可以卖自己小店的东西，也能卖精选联盟里的东西。

53. 精选联盟

释义：链接您的商品和达人的地方。

54. 音浪 / 抖币

释义：抖音虚拟货币，10 音浪 =10 抖币 =1 元人民币。

55. 福袋 / 超级福袋

释义：抖音官方提供的互动工具，分抖币福袋、实物福袋、超级福袋。比如：奖品是抖币的，即抖币福袋；奖品是手机等实物的，即实物福袋；需要完成一系列观看时长、粉丝团等级、评论任务的，即超级福袋。

56. SKU

释义：SKU（stock keeping unit，库存量单位）用于唯一标识商品的编码，一款商品就是一个 SKU。

57. 商家体验分

释义：抖音店铺综合服务能力的重要指标，主要考核商品、服务和物流情况。

58. 口碑分

释义：DSR（detail 产品分、seller 服务分、rating 物流分）用于评估卖家的服务质量和信誉度。它通常包括多个维度的评价，如描述相符性、服务态度、物流速度和交易体验等。

59. 口碑分管理 /DSR 管理

释义：刷单。

60. 挂铁 / 大头娃娃

释义：比如：在直播间，挂了虚假的机器人叫挂铁；系统推送来的假人，往往都是大大的宝妈头像，统称大头娃娃。

61. 粉丝团

释义：关注抖音号的粉丝叫粉丝，关注抖音直播间的粉丝叫粉丝团。粉丝团需要氪金才能加入，并且提供了各种方便氪金的特权及荣誉展示。

62. 抖音电商罗盘

释义：抖音小店后台中，专门看直播数据的版块。

63. 流量结构

释义：直播间的流量来源结构，如附图 2-2 所示。

附图 2-2　流量结构

64. FACT

释义：FACT（field 商家自播、alliance，达人矩阵、campaign 营销活动、top-KOL，头部大 V）是抖音电商的 FACT 经营矩阵，以保障多元内容供给。无论是在货找人还是人找货路径中，消费者都在通过内容了解品牌和商品，从而推动购买决策。

65. 矩阵

释义：多个抖音号或多个直播间的集合。

66. DP

释义：DP（douyin partner，抖音官方认证的运营服务商）。

67. 计划

释义：通常指广告计划，一条广告计划即广告投放的具体规划，往往为标题、配图、视频、落地页面、直播间页面、出价、定向等元素的组合。

68. 出价

释义：为一条广告购买流量而设定的价格。

69. 转化漏斗

释义：客户在整个购买决策过程中，从了解产品或服务到最终购买的过程中，逐渐筛选和淘汰的过程。以转化为目标的直播间各环节转化数据情况，如附图 2-3 所示。

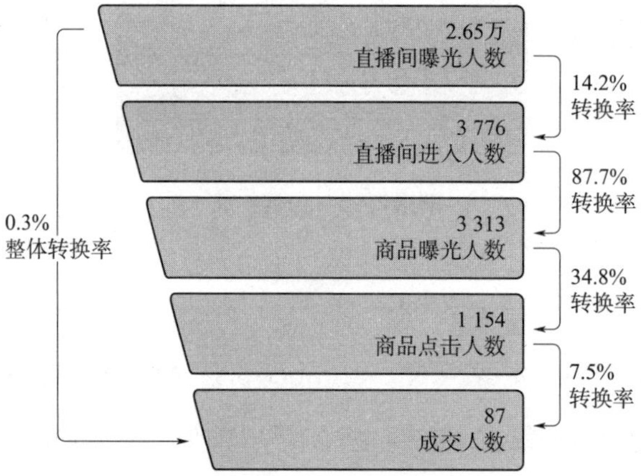

附图 2-3　转化漏斗

70. 实名

释义：实名，即实名认证，抖音直播要求个人完成直播抖音号的实名认证。

71. 过新手期

释义：通过非常规手段，突破 1 000 单限制。

72. 口碑分维护

释义：抖音平台基于商家分享的商品评价、售后、投诉等多维度综合计算，反映带货商品靠谱程度。其中包括 S 粉、评论、点赞、代开小店、橱窗、代办营业执照、换绑、换实名等一系列服务。

73. 保证金

释义：按类目收取基础保证金，按月销售金额收取浮动保证金。比如作者保证金细分为：基础保证金（500 元 / 人）；浮动保证金（按月销售金额浮动收取）；活动保证金（参与平台活动按 5 000 元、10 000 元、20 000 元三个标准缴纳）。

74. CPC

释义：CPC（cost per click，每次点击费用），是一种按点击计费的广告模式。

75. CPT

释义：CPT（cost per time，每时间段成本），是一种以时间来计费的广告，即广告主可以选择一天的任意时间段投放广告，而客户也只能在此时间段看到广告。

76. 竞价广告

释义：广告价格、效果、出现的位置不固定，由大家一起竞争出价。

77. 品牌广告

释义：广告价格、曝光量、曝光时长、广告出现的位置等因素固定的广告。

78. 直播间人气

释义：实时显示的在线人数。

79. 坑位费

释义：达人为企业卖货时，上架直播间商品的固定链接费用，坑位费的变量包括商品品类和商品直播顺序。

80. 服务费

释义：机构为商家提供各类直播服务时收取的费用，一般模式为基础服务费＋直播间销售额的一定比例。

81. 佣金

释义：主播按照直播间商品销量，向商家收取一定比例的佣金。

82. 纯佣模式

释义：主播不向商家收取坑位费，只收佣金。

83. 定向佣金

释义：为每个达人设定不同比例的佣金。

84. 流量承载力

释义：直播间转化流量的能力，即直播间能在保证一定转化率的情况下能承受多少人流量。

85. 账号定位

释义：账号人设，短视频拍摄形式，直播间人、货、场搭建等整体营销策略的规划。

86. 第二定价

释义：竞价广告最终收取的费用，并非按最高出价，而是按最高出价后的第二名出价＋0.01 进行结算。比如 A 出价 1 元，B 出价 0.5 元，A 胜出后，最终平台收取 A 的费用为 0.5+0.01=0.51 元。

87. POI

释义：POI（point of interest，兴趣点）可以简单理解成兴趣标签或者入口。

88. 小风车

释义：直播卡片，图标为一个彩色风车状，可用于收集客户信息、APP 下载、预约团购等用途。

89. BGM

释义：BGM（back ground music，背景音乐），通常是用来调节气氛的一种音乐，插入对话中，可以增强情感的表达，达到一种客户身临其境的感受。。

90. 贴纸

释义：抖音内置的一系列图片。

91. 计划组

释义：一系列广告计划的集合。比如可投放 3 个不同的直播间，可命名 3 个不同的广告组，方便区别。

92. 程序化创意

释义：对广告创意内容进行智能制作和创意优化的功能。比如用 3 个标题 + 3 个投放素材，即可自动生成 9 种程序化创意。

93. 私域导流

释义：将公域或其他域的流量引导至自己可控的私域流量池中，以便进行更深层次的客户互动、管理和价值挖掘。通常是指让抖音粉丝加微信。

94. 跳出率

释义：抖音视频播放的时间长度与视频总时握做长的比例。跳出率越高，说明客户越愿意观看视频，视频的质量也越高。

95. 粉丝群

释义：抖音内的粉丝微信群。

96. 计划预算

释义：为某广告计划设定的费用预算。

97. 抖音团长

释义：连接商家和达人的中间服务商。

98. 抖音店群

释义：批量开设、运营抖音店铺，利用抖音的商品搜索排名，以及其他推荐机制进行商品售卖的模式。

99. 指标

释义：直播间一系列数据的综合表现，如附图 2-4 所示。

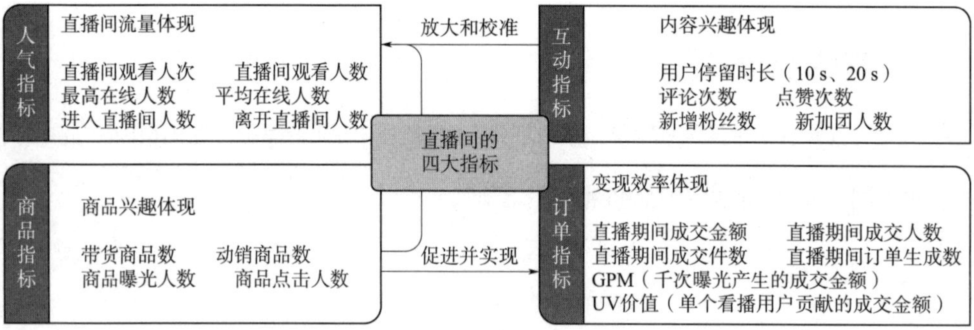

附图 2-4　直播间的四大指标

100. 兴趣电商

释义：一种基于人们对美好生活的向往，满足客户潜在购物兴趣，提升消费者生活品质的电商。抖音倡导通过兴趣推荐链接商品与客户的电商模式，基本路径为“兴趣—需求—购买”。

2.2 其他相关的常用专业术语

1. 竞价排名

一种按效果付费的网络推广方式，通过出价竞争获得商品或店铺在电商平台、搜索引擎或广告位上的优先展示位置。广告主通过设置一定的出价金额参与竞价，出价较高的广告会获得更好的展示位置和曝光度。该模式通常应用在搜索广告和推荐广告中，客户看到的搜索结果排名与广告主的出价直接相关。

2. 直通车

淘宝、天猫、抖音等电商平台的一种付费推广工具。商家通过设置关键词和出价来购买广告位，系统根据商家的出价和广告质量得分将广告展示给潜在客户。直通车主要针对精准人群投放，能够提升商品的曝光率和点击率，从而促进销售转化。

3. 钻展（钻石展位）

钻展全称为钻石展位，是电商平台的品牌展示广告工具，常以图片、视频等形式展现在平台的首页、类目页、购物车等流量较大的位置，目的是提升品牌曝光和产品认知度。商家可以通过定向、出价等方式精准投放广告至目标人群，提高品牌知名度和影响力。

4. 获客成本

获取一个新客户所需的平均成本，包括了广告费用、推广费用、营销人员的开支等。该指标能够帮助企业评估营销活动的投入产出比，衡量每个客户为企业带来收入的价值，通常用来评估不同营销渠道的效果。

5. 货架电商

一种传统电商模式，以商品展示为主，客户通过搜索、浏览商品列表来购买产品。该模式类似于超市货架，客户需要主动寻找自己需要的商品。这种模式通常依赖于商品的展示效果和商品本身的竞争力，比如淘宝、京东等平台。

6. 投流（投放流量）

通过广告投放、内容营销等方式向特定目标客户引入流量的行为。常见的投流方式包括平台广告、信息流广告、KOL（关键意见领袖）合作、直播带货等，目的是将更多客户引入到商家的店铺或页面，从而提升访问量和转化率。

7. 竞价模式

通过出价方式竞争广告展示位置的广告投放方式。平台会根据广告主的出价金额、广告质量、点击率等多个维度来决定广告展示的位置和频次。常见的竞价模式有 CPC（按点击付费）、CPM（按千次展示付费）、CPA（按转化付费）等。

8. 加购率

客户浏览商品页面后将商品加入购物车的次数占总访客数的比例，它是衡量商品受欢迎程度的一个重要指标，通常加购率高的商品，说明客户对该商品有较强的购买意向，但未必最终成交。

9. 赛道

赛道是某个特定品类或细分市场，如美妆赛道、母婴赛道等。赛道的划分依据市场需求、消费群体和竞争情况，商家通过选择合适的赛道来制定营销策略、产品策略，从而在该领域获得竞争优势。

10. 低客单（低客单价）

每个订单的平均交易金额较低的商品或品类，它的单价通常较低。低客单商品往往追求销量和频次，商家需要通过规模化销售来提高整体利润。

11. 高客单（高客单价）

每个订单的平均交易金额较高的商品或品类，它的单价通常较高。高客单商品注重品牌效应和服务体验，商家主要通过较高的利润率来获得收益。

附录 3　抖音电商常用工具

3.1　数据监测和选品工具

1. 抖音热点宝（抖音官方提供的短视频数据分析平台）

2. 蝉妈妈

3. 短鱼儿

4. 抖查查（数据做得很细致，不错的一个平台）

5. 飞瓜数据（目前最全也是最贵的数据平台）

6. TooBigData（百宝箱）

7. 新抖（新榜推出的抖音综合服务平台）

8. 卡思数据（老牌榜单机构）

9. 超微视矩

10. 考古加

3.2　热点追踪平台

1. 百度指数

2. 微信指数

3. 头条指数

4. 微博指数

5. 知乎热榜

6. 360 指数

3.3 视频剪辑工具

1. 剪映——抖音官方剪辑工具

剪映的底部基础功能和快影类似，都是剪辑、音频、贴纸、滤镜、特效、比例等。剪映导出的视频没有水印，但分享路径非常单一，只能分享到抖音。也许是因其号称抖音官方剪辑工具，契合度可谓天衣无缝。而且剪映 App（第三方应用程序）支持抖音曲库，还有各种风格配乐和转场音乐，可以满足大部分客户的剪辑需求。

2. Videoleap

Videoleap 是一款功能强大的视频剪辑软件，它允许用户通过智能手机进行专业的视频编辑工作。苹果应用商店精品级 App 的操作界面清晰简洁，延续了 Lightricts 在混合器和蒙版上一贯的技术优势，基础版囊括了部分视频效果，滤镜也极具个性。

3. 猫饼

每次最多可以选择九个视频，可以添加字幕、音乐、录音，滤镜很多，这款 APP 的独特之处在于能让视频变得鬼畜，也可以手动设置水印。与猫饼类似的软件还有快影、小影、美册等。

3.4 商品上架工具

1. 妙手

专业的店铺管理软件，支持商品管理、白底图、主图视频、商品优化、商品水印、质量分、商品检测、商品编辑、批量修改、一键上架、商品同步等功能。

2. 蚂蚁搬家

有一键复制、整店复制、一键上下架、黑马词、智能抠图、草稿箱清空等功能，适合在拼多多等平台搬运商品素材。

3. 智能店长

提供商品上架、商品同步、商品管理、批量修改、重复商品铺货检查等功能，提高卖家店铺管理的运营效率。

以上软件可以在抖店的后台服务市场找到。

3.5 账单工具

1. 快记师

提供商品成本提前输入、成本分析、商品分析、全店利润分析、单品利润、SKU（库存进出计量单位）利润分析、经营实时分析、费用管理、销售统计、订单统计、库存管理、财务记账、财务对账算账、财务报表分析。如果不想花钱请会计，用这个软件可以节省不少时间。

2. 美欧星瀚

订单统计、商品成本、快递成本、利润日报、利润月报、财务报表、销售报表、出库单统、退款统计、配货单、记账算账对账、快递件数、商品销售分析汇总、支持多店汇总、支持运费险、达人佣金、扣点、赔付、小额打款统计。

服务市场商家的财务工具不多，也就两三款，都可以免费试用，读者可以挑选用着顺手的，以上软件可以在抖店的后台服务市场找到。

3.6　供应商工具

抖音官方为提供代发服务的供应商和需要做分销的商家提供了供应商管理工具，用于撮合商家和供应商的在线采购和代发业务。如果要给自己的商品开通分销模式，让更多的商家帮助销售，首先需要开通一个小店，然后上架商品。之后只需要再开通两个功能，就可以开通分销模式了。

开通这个功能的好处有两个：一是提升代发效率，一键拉单取号并回传运单；二是统一管理多方，绑定多个商家，订单统一处理。

3.7　面单工具

支持所有电子面单、批量打印发货、合并 / 拆分订单、留言备注退款提醒、自由打印、备货 / 对账单、订单导出、扫描发货、快递对账、多店关联、单号分享、一单多包、BIC（质检 / 物流一体化中心）订单码等。

3.8　团队协作软件

选择团队协作软件的时候，一定要重点考虑以下四个原则：

（1）移动端和 PC 端是否可以同步使用，方便随时随地工作和协作？

（2）是否支持云存储？很多时候写东西忘记保存，不小心关掉计算机或手机断电，就会前功尽弃，而有云存储功能的软件可以随时将文档同步保存。

（3）是否支持权限设置？很多文件，功能并不适合给所有团队成员都打开，需要针对不同岗位设置不同的权限。

（4）是否是大企业开发的软件？小团队，创业团队太不稳定，而大企业的抗风险能力比较强，不至于让团队频繁更换软件。

以下是推荐的几款软件：①飞书；② Tower；③钉钉；④石墨文档。

后 记

完成本书的时候，正巧是我与妻子的结婚纪念日，在这里感谢她在我写作这段时间的支持，也要感谢我曾经的合伙人与我一起做过的那些成功项目，更要感谢亦师亦友的投资人王翌，他从更高的维度给了我一些创业上的启蒙和鼓励。这是我写的第一本书，若有不足的地方请各位读者多多指正。

商业社会历久弥新绵延不绝，抖音电商的算法，平台的流量分配机制，规则和玩法也在不断地迭代更新，“术”的层面总是在变化的，但“方法论”，以及“道”的层面无论在任何平台、任何领域都是相通的。所以，在写本书时，我把“方法论”和“道”的内容放在书的前面，而把一定会随着时间变化而变化的“术”和“器”内容放在书的后面，比如 2023 年的付费流量策略，在 2024 年平台低价战中重构为“免费 + 付费”组合以优化成本效率；2025 年“仅退款”政策收紧后，运营方法似乎又有所回归，但要基于用户信任且数据合规，而非简单回归旧模式。商业周期并非简单轮回，当下竞争更趋复合化，然而大道至简，希望读者举一反三，在本书提供的运营方法基础上，结合自身优势资源，灵活运用。

如果大家的热情还在，我也很愿意过几年将本书的内容做一次与时俱进的修订，在此之前，我会把一些抖音创业和经营的感悟分享在我的微信公众号“K 哥叨叨”上。如果您看到了这里，恭喜您，我也有一份礼物送给您，在“K 哥叨叨”公众号回复《抖音电商创业一本通》，将有一份抖音电商运营资料自动发送给您，里面包括爆款视频的拆解、财务表格、竞品分析表格等本书涉及的文档或资料，可以帮助您在运营的过程中少走一些弯路，提高制作这些文档的效率。

期待与您保持联系。

张　扬